Gabriele Kuby

Kein Friede ohne Umkehr

Wortmeldungen einer Konvertitin

Laudes Verlag

Laudes Verlag, Postfach 12, D-83125 Eggstätt
E-mail: laudes-verlag@web.de
Umschlag: Axel Feldmann
Redaktion u. Satz: Text & Form Martin Benkler, CH-5070 Frick
Druck u. Bindung: Ebner & Spiegel, Ulm

ISBN 3-00-010112-8

Dankbar allen gewidmet, die für mich beten.

Gott bete an!

(Offb 22, 9)

Inhalt

Vorwort

Lieber Leser, liebe Leserin,

die Aufsätze, die Sie hier lesen, sind in den letzten drei Jahren entstanden. Soweit sie veröffentlicht wurden, hatten sie große Resonanz, wurden kopiert und weiter verbreitet. Fünf Beiträge dieses Buches sind in diesem Jahr entstanden und werden hier zum erstenmal veröffentlicht.

Da mich die Menschen bei meinen Vorträgen und in Briefen immer wieder auffordern, meine Sicht der gegenwärtigen Zeit möglichst vielen zugänglich zu machen, habe ich mich zur vorliegenden Veröffentlichung entschlossen.

In jedem Aufsatz rüttle ich an den Tabus und Denkverboten unserer Zeit. Sie stützen die Machtstrukturen und werden mit ihnen zusammenbrechen. Tabus leben von der Menschenfurcht. Sie ist überall anzutreffen, außerhalb der Kirche und innerhalb, bei kleinen und bei großen Leuten. Jeder, der seine tiefen Überzeugungen ändert, ist mit der Angst konfrontiert, von seinem bisherigen sozialen Umfeld abgelehnt zu werden. Er musste Menschenfurcht überwinden, um sein Leben von der neu erkannten Wahrheit verwandeln zu lassen. Das macht Konvertiten zu Salz in der Suppe des Zeitgeistes.

Meine Hoffnung ist, dass Sie sich von der allgegenwärtigen Lüge nicht länger betrügen lassen, um in dieser Zeit umstürzender Veränderung Ihren Kompass auf den einzustellen, der war und ist und kommen wird: Jesus Christus.

Gabriele Kuby
im September 2002

Kein Friede ohne Umkehr – Der 11. September 2001

Oktober 2001

Das Wachstum der Natur und die Entwicklung der Geschichte geschehen nicht gleichförmig. Lange Zeit tut sich scheinbar nichts. Dann plötzlich ein Quantensprung. Die Terrorakte vom 11. September sind ein solcher Quantensprung. Sie erfüllen uns mit Entsetzen und Abscheu über Menschen, die fähig sind, ein solches Verbrechen jahrelang zu planen und durchzuführen, und mit Mitleid mit den Opfern, die in diesem Inferno den Tod fanden.

Täglich sind wir mit Nachrichten über den Tod unschuldiger Menschen in Kriegen, Massakern, Naturkatastrophen konfrontiert. Der Tod der Opfer des infamen Terrors in Amerika erschreckt uns deswegen zutiefst, weil jeder von uns in einem der Flugzeuge hätte sitzen oder sich im World Trade Center hätte befinden können. Der Satz: „Nichts mehr wird so sein wie vorher" heißt: Wir werden uns nie wieder so sicher fühlen wie vor dem 11. September, denn: *Es könnte auch mich treffen.* Der 11. September hat uns aus dem Schlaf der Unsterblichkeit gerissen.

Wenn die Zentren der amerikanischen Weltmacht zum Einsturz gebracht werden, dann ist Krieg, ein Krieg, der von einem unbekannten Gegner geführt wird. Die Gefahr eines jeden Krieges ist es, dass die Dynamik der Zerstörung sich verselbständigt; das Böse wütet durch das Böse, bis der Tod selbst schließlich Einhalt gebietet.

Eine tiefere Demütigung für die amerikanische Nation lässt sich nicht denken. Die Realsymbole der amerikanischen Macht sind getroffen. Realsymbol heißt: Das Symbol enthält, was es darstellt. In den Türmen des World Trade Centers arbeitete das Gehirn der Wirtschaftsmacht Amerika, im Pentagon sitzt das Gehirn der Militärmacht Amerika. Um der Botschaft den I-Punkt aufzusetzen, zerstörte auch noch eine Autobombe Teile des Außenministeriums. Die teuflische Perfektion des Anschlags verschlägt der Welt den Atem.

Von „Zivilisationsbruch“ ist die Rede. Ja, Krieg ist immer ein Zivilisationsbruch. Aber der Begriff soll vermitteln, dass hier eine Tat von nie da gewesener Abscheulichkeit geschehen ist. Doch war der Knopfdruck des amerikanischen Piloten Thomas Ferebee weniger abscheulich, mit dem er am 6. August 1945 die Plutoniumbombe („Little Boy“) über Hiroshima ausklinkte, die 151 000 Menschen in Sekundenschnelle den Tod brachte, oder – drei Tage später – die Uranbombe über Nagasaki, die 70 000 Menschenleben in einen Augenblick auslöschte? Warum ist immer nur von Pearl Harbour die Rede?

Asymmetrie des Krieges – Asymmetrie von Arm und Reich

Unter dem Entsetzen und dem Abscheu über die Ruchlosigkeit des Anschlages wird die Frage zum Verstummen gebracht, was denn die Ursache des Hasses ist, der sich gegen Amerika, gegen die westliche Zivilisation richtet. Warum tanzen Palästinenser auf den Straßen? Weil sie die Realsymbole der Macht, die ihre Leidenssituation stabilisiert, stürzen sehen. Nur das Gesicht des Krieges hat sich gewandelt, weil – anders als in den Weltkriegen – das technologische Niveau der Zivilisationen, die hier gegeneinander kämpfen, so unterschiedlich ist. Die neue Realität hat einen neuen Begriff hervorgebracht: Von „asymmetrischem Krieg“ ist die Rede.

Die fallenden Türme des World Trade Centers und die einstürzenden Mauern des Pentagons sind Ausdruck eines Meeres von Hass, der sich auf dieser Welt gegen Amerika als mächtigstem westlichen Staat richtet. Hass wächst proportional zur Ungerechtigkeit der Machtausübung und der Ohnmacht der Missbrauchten.

Wie steht es mit der Gerechtigkeit auf unserem Globus?

Dem Jahresbericht des UN-Entwicklungsprogramms (UNDP) zufolge haben 1,3 Milliarden Menschen weniger als 1 Dollar pro Tag zum Leben, obwohl sich der Pro-Kopf-Verbrauch weltweit seit 1950 versechsfacht hat. 826 Millionen Menschen sind unterernährt. Die Zahl der unterernährten Menschen allein in Afrika ist in den letzten 28 Jahren um das Doppelte auf 215 Millionen gestiegen. Obwohl sich der Verbrauch an Süßwasser weltweit seit 1960 verdoppelt hat, fehlt es 1,3 Milliarden an Süßwasser. 2,4 Milliarden Menschen haben keinen Zugang zu medizinischer Grundversorgung. 20 Prozent der Weltbevölkerung verbrauchen 86 Prozent der Ressourcen. Das reiche Fünftel der Bevölkerung konsumiert 58 Prozent der Energie, die ärmsten 20 Prozent der Menschen haben dagegen nur vier Prozent zur Verfügung, obwohl weltweit 1995 doppelt soviel Energie verbraucht wurde wie vor 15 Jahren. Das UNDP spricht von „wachsendem Ungleichgewicht". Wie viel hoffnungsloses Elend, wie viel namenloses Leid steckt hinter diesen Zahlen!

Wie kommt es zu dieser immer weiter wachsenden Ungleichheit? Liefern die armen Länder der Welt ihre Rohstoffe und ihre Weltmarktsgüter freiwillig in den Vereinigten Staaten und den anderen reichen Ländern ab? Haben sie etwas mitzureden bei der Festsetzung der Preise? Haben sie etwas mitzureden bei der Festsetzung der Arbeitslöhne in den sogenannten Billiglohnländern? Haben die Länder der Dritten Welt eine Chance, sich der Schulden-Armutsspirale zu entwinden? Ist das Wirtschaftssystem, das die westlichen Länder in den letzten Winkel dieses Globus vorangetrieben haben, mit den ökologischen Gegebenheiten unserer Erde vereinbar? Ist es ein Wirtschaftsystem, welches dem Wohl der Menschen dient?

Die Antwort auf alle diese Fragen ist nein.

Die Tatsache, dass der derzeitige Präsident des mächtigsten Staates dieser Erde seine Macht benutzt, um die Klimakonvention und das atomare Gleichgewicht einseitig aufzukündigen, in der Hoffnung, mit einem neuen Raketenschild Amerika gegen die Angriffe von „Schurkenstaaten" zu schützen, wirft die Frage auf, welches Interesse Amerika am Wohl von Menschen hat, die nicht Amerikaner sind. Um Gelder für „Star Wars" zu mobilisieren hat die US-Regierung eine Schrift mit dem Titel „Vision für 2020" veröffentlicht. Darin heißt es: „Die Globalisierung der Weltwirtschaft wird die Kluft zwischen den Habenden und den Habenichtsen weiter vergrößern. Deswegen hat die US-Regierung die Mission, die Weltraum-Dimension der militärischen Operationen zu beherrschen *(to dominate the space dimension of military operations)*, um die Vereinigten Staaten vor dem Rest der Welt zu schützen."*

Der größte Exportartikel der Vereinigten Staaten sind Waffen; zwischen 1993 und 1997 verkaufte die US-Regierung Waffen im Wert von 190 Milliarden Dollar an fast jede Nation der Welt. An einigen Stellen dieser Erde kehren sich die Waffen nun gegen ihre Verkäufer, so in Afghanistan. Es sind amerikanische Waffen, mit denen die Taliban kämpfen.

Unser demokratisches Willensbildungssystem ist – trotz allem Bekenntnis zu humanistischen Werten – nicht in der Lage, das Wachsen der globalen Ungleichheit umzukehren. Könnte es etwas damit zu tun haben, dass unsere Auffassung von Freiheit der individuellen Anhäufung von Reichtum keine Grenzen zu setzen vermag und dass die Macht, die sich so zusammenballt, von keiner demokratischen Instanz mehr kontrolliert werden kann?

Die drei reichsten Menschen der Welt besitzen soviel wie das Bruttoinlandsprodukt der 48 ärmsten Länder zusammen, und 1 Prozent der Weltbevölkerung haben soviel Einkommen wie die ärmsten 57 Prozent der Weltbevölkerung. Wie beeinflussen diese 1 Prozent die Geschicke der Völker?

* „10 Things to Know About Terrorism" von Mark LeVine, Professor für Geschichte an der University of California

Stephen Walt, Professor für Internationale Politik an der Harvard Universität, sagt im unterkühlten Ton des Analytikers: „Ich denke, dass dieses Ereignis die Amerikaner daran erinnern wird, dass unser weltweites Engagement nicht kostenlos ist. Die USA sind das mächtigste Land der Welt, haben an vielen Orten Interessen, nehmen Stellung zu vielen Problemen. Andere Länder oder Gruppen stimmen mit uns nicht überein. Amerika hat sich selbst getäuscht, wenn es gedacht hat, dass seine Aktionen ohne Auswirkungen auf das eigene Land bleiben. Was unser Land international unternimmt, hat Konsequenzen, über die wir nicht nachgedacht haben. Unglücklicherweise ist dies genau die Lektion, die die Terroristen uns wohl erteilen wollten.“ (Die Zeit, 13.9.2001)

Welche Interessen? An welchen Orten? Mit welchen Konsequenzen? Man sollte die Länder fragen, in denen Krieg und Armut herrschen.

Gewiss verdanken wir den Amerikanern, dass unser tausendjähriges Reich nur zwölf Jahre alt wurde; aber welcher Art ist die Freiheit, für die Amerika damals und heute kämpft? Es ist die Freiheit des kapitalistischen Marktes und – nun kommt ein Tabubruch mit dem Zeitgeist – die Freiheit zur himmelschreienden Sünde. Der amerikanische Begriff von Freiheit und die amerikanische Art, Freiheit gesellschaftlich zu verwirklichen, bestimmt alle westlichen Gesellschaften. In diesem von Gott gelösten Freiheitswahn ist das Christentum im Begriff zu versinken.

Wenn man das Wort „Kapitalismus“ in den Mund nimmt, ist man sofort im Verdacht, ein Kommunist zu sein, und wenn man davon spricht, dass eine Freiheit, die der Sünde Tür und Tor öffnet, eine zerstörerische Freiheit ist, wird man als Fundamentalist gebrandmarkt, das heißt als einer, der wie islamische Fanatiker bereit ist, religiöse Werte mit Gewalt durchzusetzen. Diese Sicht verstellt den Blick auf die Notwendigkeit des Wandels der westlichen Gesellschaft, ja aller Gesellschaften.

Unsere Zivilisation liegt auf Kollisionskurs mit Gott, mit der Menschenwürde und mit der Natur. Das kann nicht gut gehen. Und es geht nicht gut. Die geschichtliche Herausforderung besteht darin, die zehn Gebote als Fundament der Freiheit *freiwillig* anzunehmen. Auch wenn dieser Satz sternenweit von der Realität entfernt zu sein scheint, könnte er doch wahr sein.

Der Terrorismus wird diese Umkehr nicht erzwingen können. Wie groß muss die Not werden?

Jeder von uns möchte lieber in Amerika leben als in Kuba, lieber in Deutschland als im Iran, lieber in einem reichen westlichen Land als in einem armen der Dritten Welt. Wir alle profitieren von dem fetten Stück der Weltressourcen, das wir nach den Regeln des freien kapitalistischen Weltmarktes an uns reißen. Es *zwingt* uns in westlichen Gesellschaften keiner, Gott zu lästern, abzutreiben, Unterhaltung mit Bildern der Gewalt und Unzucht zu produzieren und zu konsumieren, bei Reisen in ferne Länder dortige Kinder sexuell zu missbrauchen oder unsere Kreativität für Zigarettenwerbung, das Klonen von Menschen oder das Ersinnen neuer Massenvernichtungsmittel zu investieren. Aber all dies wird vom Wertekonsens unserer Gesellschaft getragen. Der Wertekonsens besteht darin, dies alles zu *dürfen*, um die Freiheit und den Reichtum und den Spaß des Individuums zu mehren.

Aber wir werden nicht froh dabei. Woher die Angst? Woher die endemische Depression in unserer Spaßgesellschaft? Wer zahlt die Zeche? Die Antwort ist klar: Die Zeche unserer Fun-Gesellschaft zahlen die armen Länder dieser Erde, deren Armut in der Regel durch ein korruptes, von den Vereinigten Staaten gestütztes diktatorisches Regime stabilisiert wird.

Als der Kommunismus die Massen hinter seinen Fahnen versammelte, verlief die Front zwischen Arm und Reich *innerhalb* der industrialisierten Gesellschaften. Die kommunistische Ideologie versprach den ausgebeuteten Massen das Heil aus Menschenhand und hetzte sie nicht nur auf gegen die Reichen, sondern auch gegen Gott. Als sie merkten, dass aus dieser Fahne ein diktatorisches Joch wurde, hatte es sich bereits um ihren Hals geschlossen.

Überflüssig wurde der Kommunismus in dem Maß, in dem sich die Arbeiterklasse in den westlichen Gesellschaften aus der Verelendung erhob und soziologisch verflüchtigte: Alle haben so viel Wohlstand, dass sie noch keine Not dazu treibt, an Verhältnissen zu rütteln, in denen – wie in Amerika – 2,7 Prozent der Bevölkerung zwei Drittel des Gesamtvermögens besitzen. (Auch das könnte sich ändern, denn inzwischen leben in den USA 20 Prozent der Bevölkerung unter der Armutsgrenze.) Die Front ist verschoben vom Inland in die große weite arme Welt. Ist es nicht ein gefährlicher Realitätsverlust, wenn diese Asymmetrie hinter dem asymmetrischen Krieg nicht gesehen wird?

Habgier – der Motor des Kapitalismus

Der Motor des kapitalistischen Wirtschaftssystems ist eine Eigenschaft des Menschen, die zu früheren Zeiten als Laster bezeichnet wurde, nämlich die Habgier. Laster lasten auf dem Menschen und ziehen ihn nach unten. „Als Hauptsünden werden sie deshalb bezeichnet, weil sie weitere Sünden, weitere Laster erzeugen", erklärt der Katechismus. Weil unser Wirtschaftssystem mit der Kraft im Menschen arbeitet, die kein Genug kennt, weil es ein System ist, das ohne Wachstum zugrunde geht, deswegen breitet es sich in den letzten Winkel unserer begrenzten Wohnstätte Erde aus. Mehr an sich zu reißen, wo man die wirtschaftliche (und im Notfall die militärische) Macht hat, gilt als legitim und ehrenwert und ist durch unsere Gesetze abgesichert.

Das kapitalistische Wirtschaftssystem erlaubt es, dass einzelne so schwindelerregend reich werden, wie die Türme des World Trade Centers hoch waren, die Mr. Larry Silverstein zwei Monate vor ihrer Zerstörung für sieben Milliarden Mark gekauft hatte. Geld wird durch den Handel mit Geld verdient, nein, nicht verdient, aber doch irgendwie gemacht, in einer Größenordnung, dass ganze Volkswirtschaften, ja die Weltwirtschaft durch die unkontrollierbare Börsenspekulation von Privatpersonen zusammenbrechen können.

In einer Welt, in der sich die Schere zwischen Reich und Arm immer weiter öffnet, lebt unsere Wirtschaft davon, dass sie mit den subtilsten Methoden der Manipulation, genannt Werbung, die Menschen zum Konsum von überflüssigen Produkten verführt. Der Chefökonom der Deutschen Bank sagte zwei Tage nach den Anschlägen: „In einer solchen Situation verzögern sich Käufe, die als Luxus eingestuft werden und damit wird eine in der Stagnation befindliche Wirtschaft weiter gebremst. Dies ist dann der eigentliche Auslöser für schlechte Wirtschaftsdaten, nicht die aktuellen Ausfälle." (Die Tagespost, 15.9.2001) Im Klartext: Unsere Wirtschaft lebt vom Luxus.

Es ist ein Wirtschaftssystem, das der chronischen Arbeitslosigkeit nicht Herr wird. Der technologische Fortschritt, einst von der Hoffnung getragen, er könnte den Menschen von sklavischer Arbeit befreien, wird von der Gier vereinnahmt und erzeugt statt größerer Freiheit wachsende Arbeitslosigkeit.

Hören wir, wie Henry Miller im „Wendekreis des Steinbocks" den Tanz um das goldene Kalb beschreibt: „Nacht, wieder Nacht, die unberechenbare leere, kalte, mechanische Nacht von New York, in der es keinen Frieden, keine Zuflucht, keine Vertraulichkeit gibt. ... Mit Geld durch das nächtliche Gewimmel zu wandern, geschützt durch das Geld, eingewiegt vom Geld, verdummt durch das Geld, das Gewimmel selber Geld, selbst der Atem Geld, nirgendwo das kleinste einzige Ding, das nicht Geld ist, überall Geld, Geld und nochmals Geld, und noch nicht genug, und dann kein Geld oder ein wenig Geld, oder mehr Geld, aber Geld, immer Geld, und ob du Geld hast oder keines, Geld ist's, was zählt, und aus Geld wird Geld, aber was ist es, was aus Geld Geld macht?"

Ein solches Wirtschaftssystem kann mit der Natur nur im Krieg sein, denn die Natur ist ein wunderbarer Organismus zyklischer Erneuerung innerhalb der nicht überschreitbaren Grenzen der Materie. Es ist ein Krieg gegen unsere Mutter Erde, die uns nährt, und gegen den Schöpfer, der uns diese herrliche, einzige und einzigartige Erde anvertraut hat.

Der Heilige Augustinus sagt: „Wie soll dir das unterworfen sein, was unter dir ist, wenn du nicht dem unterworfen bist, was über dir ist?"

Die ökologischen Schreckensmeldungen sind nicht mehr täglich in den Schlagzeilen, seit die Grünen an der Macht sind – eine eigenartige Korrelation –, aber eine Umkehr gibt es nicht, vielmehr die Aufkündigung der Klimakonvention zur Senkung des Schadstoffausstoßes durch Präsident Bush. Die gravierendste Folge des ökologischen Raubbaus ist die Erwärmung der Erdatmosphäre um fünf bis sieben Grad. Sie wird Millionen Menschen den Tod bringen und das Angesicht der Erde noch in diesem Jahrhundert für immer verändern.

Seit der Kommunismus mit Gottes Hilfe im Westen ohne Blutvergießen zusammengebrochen ist, gibt es keine ideologische Alternative mehr zum Kapitalismus, der sein Netz über den gesamten Globus geworfen hat. (Dass China mit einem Fünftel der Weltbevölkerung noch immer eine menschenverachtende kommunistische Diktatur ist, war kein Hinderungsgrund, dieses Land im September 2001 in die Welthandelsorganisation aufzunehmen und neuerdings gemeinsam mit ihm gegen den Terror zu kämpfen.) Unser schöpferischer Geist ist von der normativen Macht des Faktischen wie hypnotisiert. Es gibt keinerlei Vision eines Wirtschaftssystems, das eine Basis von globaler Gerechtigkeit und Frieden sein könnte. Nur noch die Stimme des Papstes, eines einsamen Rufers in der Wüste, fordert die Wahrung der Würde *aller* Menschen, globale Gerechtigkeit und Verantwortlichkeit gegenüber unserem Schöpfer. Besteht eine Chance, dass wir die Umkehr vollziehen, *bevor* uns Not und Krieg und Tod dazu zwingen?

Am Tag danach, dem 12. September 2001, hatte Gott seiner Kirche in der Lesung aus dem Kolosserbrief folgendes zu sagen: „Schwestern und Brüder! Ihr seid mit Christus auferweckt; darum strebt nach dem, was im Himmel ist. Wo Christus zur Rechten Gottes sitzt. Richtet euren Sinn auf das Himmlische und nicht auf das Irdische! ... Darum tötet, was irdisch an euch ist: die Unzucht, die Schamlosigkeit, die Leidenschaf, die bösen Begierden und die Habsucht, die ein Götzendienst ist." (Kol 3, 1-11)

Und im Evangelium des selben Tages lehrt Jesus: „Selig, ihr Armen, denn euch gehört das Reich Gottes. Selig, die ihr jetzt hungert, denn ihr werdet satt werden. Selig, die ihr jetzt weint, denn ihr werdet lachen. ... Aber weh euch, die ihr reich seid; denn ihr habt keinen Trost mehr zu erwarten. Weh euch, die ihr jetzt satt seid; denn ihr werdet hungern. Weh euch, die ihr jetzt lacht; denn ihr werdet klagen und weinen. Weh euch, wenn euch alle Menschen loben; denn ebenso haben es ihre Väter mit den falschen Propheten gemacht." (Lk 6, 20-26)

Welche Werte verteidigen wir?

Am Tag danach sagte Bundeskanzler Schröder: „Die terroristischen Schläge ... sind also auch Anschläge gegen unsere eigene Freiheit, gegen unsere eigenen Werte, die wir mit dem amerikanischen Volk teilen. Deshalb leisten wir Beistand. Es geht hier um die Verteidigung all dessen, was unsere freiheitliche und offene Gesellschaft im Kern begründet, und das dürfen wir in unserem eigenen Interesse nicht preisgeben."

Welche Werte sind das, die unsere freiheitliche und offene Gesellschaft im Kern begründen? Welche Antwort haben unser Bundeskanzler und unsere Minister, die es bei ihrer Vereidigung für überflüssig hielten, Gott um Hilfe zu bitten, darauf?

Die Antwort dürfte sein: Freiheit und Toleranz. Betrachtet man die Folgen, so ist nicht zu übersehen, dass der Kern unserer freiheitlichen und offenen Gesellschaft faul ist:

Die Familien zerbrechen. Jedes Jahr produziert an die zweihunderttausend seelisch tief verwundete Scheidungskinder. Hunderttausende von Frauen töten ihre ungeborenen Kinder. Die Medien pumpen Unzucht und Gewalt ins Volk. Pornographie und seelenzerstörender Missbrauch der Sexualität ist allgegenwärtig und erscheint normal. Immer mehr und immer jüngere Jugendliche werden kriminell. Viele flüchten in die Drogen. Die homosexuelle Partnerschaft wird vom Staat der Ehe gleichgestellt. Prostitution gilt seit kurzem nicht mehr als sittenwidrig. Wissenschaftler wollen den Menschen klonen. Die Geburtenrate liegt auf Aussterbekurs. Die Kirchen sind gelähmt, unfähig, das Abgleiten in eine heidnische Gesellschaft aufzuhalten.

Lange vor dem 11. September hat Papst Johannes Paul II dies alles auf den Begriff gebracht: Wir leben in einer „Kultur des Todes". Wie lange noch, wie lange wird Gott das alles zulassen? Haben wir uns das nicht oft gefragt?

Der moralische Verfall der Gesellschaften, die als christlich gelten, ist für islamische Völker ein offenkundiger Beweis für die Überlegenheit ihrer eigenen Religion. Es sind Völker, die beten und fasten. Bin Laden erklärte nach dem Beginn des Krieges gegen Afghanistan: „Diese Ereignisse haben die ganze Welt in zwei Lager geteilt: das Lager der Gläubigen und das Lager der Ungläubigen. ... Jeder Muslim muss danach drängen, seiner Religion zum Sieg zu verhelfen. Der Sturm des Glaubens ist gekommen. Der Sturm der Veränderung ist gekommen, um die Unterdrückung von Mohammeds Insel auszumerzen." Lassen wir uns nicht einreden, die terroristische Fratze des Islam, sei das Wesen des Islam. Sie ist es so wenig, wie die Fratze ausbeuterischer Gewalttätigkeit der westlichen Gesellschaften das Wesen des Christentums ist.

Was haben wir dem Islam entgegenzusetzen?– *Toleranz!* Unsere Kirchen werden leer und wir bauen Moscheen, wir nehmen das Kreuz aus den Schulzimmern und sorgen für islamischen Religionsunterricht. Die Bevölkerungsentwicklung der westlichen Länder geht steil nach unten, die des muslimischen Anteils stark nach oben. Wir bringen unsere Kinder im Mutterleib um und handeln mit Embryonen. Könnte es sein, dass wir erst dann erkennen, welch wunderbare Freiheit uns die christliche Gotteskindschaft schenkt, wenn wir sie verloren haben?

Deswegen beruhigen mich und viele die Einmütigkeitserklärungen unserer Regierungen nicht, die nun willens sind, alles in die Waagschale zu werfen, um den Terrorismus zu zerschlagen. Müssen wir nicht befürchten, dass die Bürgerrechte, die jetzt über Bord gehen, uns eines nicht sehr fernen Tages furchtbar fehlen werden?

Alle wollen wir vor terroristischen Angriffen geschützt werden. Aber geschieht das durch die Bombardierung der Ruinen eines Landes, welche die Soviets hinterlassen haben und wo man nur noch ein paar Monate warten muss, bis die Bevölkerung verhungert und erfroren ist – zuerst eine halbe Million verkrüppelter und verwaister Kinder?

Die Regierenden bereiten uns auf „einen langen Weg" vor. Sie ahnen wohl, dass dieser Krieg nicht zu gewinnen ist. Vermutlich werden weit mehr unschuldige Menschen sterben müssen als unter den Trümmern von New York und Washington, amerikanische (und deutsche?) Soldaten ebenso wie die entsetzlich geschundenen Menschen in den Ländern, in denen der Krieg ausgetragen wird. Ist die Dynamik des Krieges erst einmal angestoßen, dann regiert der Fürst dieser Welt mit der entfesselten Kraft des Hasses, den die Ohnmacht in den Menschenherzen entflammt. Der Terrorismus ist die Folge, die Kultur des Todes die Ursache und die Lösung nur eine: Umkehr zur Kultur des Lebens.

Der 11. September in der Heilsgeschichte

Gibt es irgendwelche Anzeichen dafür, dass wir die Zeichen der Zeit erkennen? Welchen Ort hat der 11. September in der *Heilsgeschichte*? Jesus sagt: „Ihr werdet von Kriegen hören, und Nachrichten über Kriege werden euch beunruhigen. Gebt acht, lasst euch nicht erschrecken! Das *muss geschehen*. Es ist aber noch nicht das Ende. Denn ein Volk wird sich gegen das andere erheben und ein Reich gegen das andere, und an vielen Orten wird es Hungersnöte und Erdbeben geben. Doch das alles ist erst der Anfang der Wehen. Dann wird man euch in große Not bringen und euch töten und ihr werdet von allen Völkern um meines Namens willen gehasst. ... Und weil die Missachtung von Gottes Gesetz überhand nimmt, wird die Liebe bei vielen erkalten. Wer jedoch bis zum Ende standhaft bleibt, der wird gerettet." (Mt 24, 6-13) „Wenn all das beginnt, dann richtet euch auf, erhebt eure Häupter, denn eure Erlösung ist nahe." (Lk 21, 28)

Bei unheilvollen Ereignissen ist die erste Frage nicht nur der Ungläubigen: „Wie konnte Gott das zulassen?" Diese Frage ist auch eine Frucht der geistlichen Beschwichtigung, die in der Verkündigung der Kirchen vorherrscht. Es wird uns fast nur noch der allliebende, allbarmherzige Gott gepredigt. Wir hören nicht mehr viel über die todernsten Folgen der Sünde, wir hören kaum mehr, dass in diesem Leben eine Entscheidungsschlacht um unsere Seele stattfindet, in der jedem Menschen die Freiheit der Entscheidung für Gott oder gegen Gott unwiderruflich von seinem Schöpfer gegeben ist. Das Wort „Strafgericht" erscheint uns als alttestamentarischer Anachronismus.

Dass wir in einer Endzeit leben, die auf die Wiederkunft Christi zuläuft, glauben kaum noch jene, die sonntags in die Kirche gehen. Wer den Ernst der Botschaft Jesu ernst nimmt, wird als Fundamentalist diffamiert, ein Begriff, der nicht unterscheidet zwischen scheinheiligen, gewaltbereiten Fanatikern und jenen, die um den Weg der Heiligkeit ringen.

Als der heilige Johannes Gesichte der Endzeit hatte, die als letztes Buch in den Kanon unserer Bibel aufgenommen wurden, sah er sieben Engel, denen eine laute Stimme aus dem Tempel zurief: „Geht und gießt die sieben Schalen mit dem Zorn Gottes über die Erde!" (Off 16, 1) Aber die Menschen „verfluchten den Namen Gottes, der die Macht über diese Plagen hat. *Sie bekehrten sich nicht dazu, ihm die Ehre zu geben ... und sie ließen nicht ab von ihrem Treiben.*"

Die geheimnisvollen Bilder der Apokalypse geben etwas von ihrem Geheimnis Preis, wenn man sie im Schatten des 11. September betrachtet (s. Kapitel 16-18). Johannes sieht „einen anderen Engel aus dem Himmel herabsteigen; er hatte große Macht, und die Erde leuchtete auf von seiner Herrlichkeit. Und er rief mit gewaltiger Stimme: Gefallen, gefallen ist Babylon, die Große! Zur Wohnung von Dämonen ist sie geworden, zur Behausung aller unreinen Geister und zum Schlupfwinkel aller unreinen und abscheulichen Vögel. Denn vom Zornwein ihrer Unzucht haben alle Völker getrunken, und die Könige der Erde haben mit ihr Unzucht getrieben. Durch die Fülle ihres Wohlstandes sind die Kaufleute der Erde reich geworden. ... Ihre Sünden haben sich bis zum Himmel aufgetürmt, und Gott hat ihre Schandtaten nicht vergessen. ... Deshalb werden an einem einzigen Tag die Plagen über sie kommen, die für sie bestimmt sind: Tod, Trauer und Hunger. Und sie wird im Feuer verbrennen; denn stark ist der Herr, der Gott, der sie gerichtet hat." (Off 18, 1-8)

Viel lieber würde ich die Vorhersagen Jesu und die warnenden Gesichte des Johannes für irrelevant halten. Aber ich kann es nicht, denn ich kann mich nicht darüber täuschen, dass unsere globale Zivilisation Gottes Gesetze missachtet, die Würde des Menschen in großen Teilen der Welt mit Füßen tritt und die Natur zugrunde richtet.

Der teuflische Anschlag auf die Machtzentren Amerikas – aus der Sicht der Heilsgeschichte ein Menetekel der Umkehr – wird die Umkehr nicht bewirken, denn ein äußerer Feind, selbst wenn er unsichtbar ist, verbirgt die inneren Probleme in seinem Schatten. Allein sie zu benennen, liegt ganz und gar nicht auf der Linie der *political correctness.*

Aber eines ist sicher: Die Ereignisse vom 11. September 2001 sind ein globaler Paukenschlag, mit dem eine neue Phase der Geschichte des Unheils und des Heils der Menschheit beginnt. Das Böse hat Menschen gefunden, die bereit waren und sind, ihr Leben hinzugeben in der satanischen Verblendung, dass die Probleme dieser Welt mit Gewalt zu lösen wären.

Um dieser Kraft zu begegnen, wird auch Jesus Christus Menschen brauchen, die bereit sind, für seine Sache zu sterben. Er hat sie immer gebraucht und immer gefunden. Martin Luther King war ein solcher. Er sagte: „Wir werden Leiden akzeptieren, aber nie anderen zufügen. Es darf keine Besiegten geben, sondern nur Versöhnte.“

New York – das heutige Ninive

Man kann nicht sagen, Gott hülle sich in Schweigen. Wer Ohren hat, der höre die Lesungen und Evangeliumstexte der letzten Wochen. Seit Beginn der Angriffe auf Afghanistan am 7. Oktober 2001 handeln die Lesungen dreimal hintereinander von Ninive, jener Stadt, der Gott durch Jona das Strafgericht androhen ließ: „Jona begann in die Stadt hineinzugehen ... und rief: Noch vierzig Tage, und Ninive ist zerstört! Und die Leute von Ninive glaubten Gott. Sie riefen ein Fasten aus, und alle, groß und klein, zogen Bußgewänder an. Als die Nachricht davon den König von Ninive erreichte, stand er von seinem Thron auf und legte seinen Königsmantel ab, hüllte sich in ein Bußgewand und setzte sich in die Asche. Er ließ in Ninive ausrufen: Befehl des Königs und seiner Großen: Alle Menschen und Tiere, Rinder und Schafe und Ziegen, sollen nichts essen, nicht weiden und kein Wasser trinken. Sie sollen sich in Bußgewänder hüllen ... und laut zu Gott rufen, und jeder soll umkehren und sich von seinen bösen Taten abwenden und von dem Unrecht, das an seinen Händen klebt. ... Da reute Gott das Unheil, das er ihnen angedroht hatte, und er führte die Drohung nicht aus." (Jona 3)

Ach hätten doch auch wir – wie die Leute von Ninive – Bußgewänder in den Schränken. Ach wären doch auch unsere Mächtigen bereit, die zerstörerische Hybris technologisch-militärischer Scheinüberlegenheit abzulegen, sich in die Asche der Reue zu setzen und ihre Schritte auf den Weg des Friedens zu lenken.

Auch wenn wir uns ohnmächtig fühlen, den großen Strom der geschichtlichen Kräfte umzulenken, so kann doch jeder einzelne umkehren.

Was heißt das?

Christen sind, wenn sie ihre Religion leben, in der Regel darum bemüht, heute besser zu leben als gestern. Gut leben heißt, im

Sinne des Taufgelübdes immer wieder neu dem Bösen zu widersagen und sich für das Gute zu entscheiden.

Umkehr bedeutet einen Quantensprung in diesem Bemühen – die Bereitschaft, radikaler zu fragen: *Was ist der Wille Gottes?* Stehe ich im Willen Gottes mit der Art, wie ich mein Geld verdiene? Gibt es erstarrte Hindernisse der Liebe in meinen Beziehungen? Muss ich Menschen oder Dinge loslassen, die ich zu brauchen glaube? Gibt es Menschen, die ich nicht brauche, die aber mich brauchen? Wo bin ich gebunden durch Groll? Wem habe ich nicht verziehen? Baue ich mit am Reich Gottes? Habe ich mein Leben und mein Sterben in die Hände Gottes gelegt?

Wenn Menschen eine Krebsdiagnose bekommen, sind sie mit einem Schlag bereit, diese Fragen zu stellen. Dann kann die stärkste Kraft der Transformation frei werden, die es gibt: die Reue. Sie steigt auf zum Herzen Gottes und verändert unser Schicksal, unser irdisches – sofern uns noch Zeit geschenkt ist – und unser ewiges. Der 11. September ist wie eine kollektive Krebsdiagnose.

Visionäre aus verschiedensten Jahrhunderten sprechen der Welt prophetische Botschaften des Himmels zu, die vor einer furchtbaren Reinigung warnen. Immer mehr häufen sich die Erscheinungen Marias, die uns zur Buße und Umkehr auffordert. „Betet, betet, betet" – dieser Ruf der Muttergottes erschallt seit einigen Jahrzehnten immer dringlicher über die Erde. Wohl denen, die ihm folgen, denn im Gebet kann uns Jesus Christus den Glauben schenken, dass der treue Gott seine Schöpfung, seine Geschöpfe und seine Kirche bewahren wird.

Vergiftung durch Bilder

April 2002

Bei einer Nachtfahrt mit dem Auto hörte ich ein Kriminalhörspiel, um wach zu bleiben. Es waren einige Leute ermordet worden und andere, die mit ihnen in Kontakt standen, verfügten über auffallend viel Geld. Woher das Geld?

Der Verdacht erhärtete sich, dass das Geld mit Kinderpornos verdient wurde. Die sechzehnjährige Tochter des Kommissars bekam ein solches Video in die Finger und vor die Augen und wälzte sich hysterisch schreiend am Boden. Sie hatte zugesehen, wie ein Kleinkind beim sexuellen Verbrauch getötet wurde.

Mir war plötzlich klar, es gibt im Medienzeitalter eine neue Art tiefer und bleibender Verletzung: Bilder des Bösen. Für diese Schäden gibt es keine Ärzte.

Als mein erstes Kind anfing, Filme anzuschauen, die ich für schädlich hielt, war die Antwort: „Das ist doch nur ein Film." Ich vermute, dass die meisten Menschen, die das Bilderangebot der Massenmedien wahllos konsumieren, so denken: Das sind doch nur Bilder, soll heißen: eine künstliche Realität, die ohne Wirkung bleibt auf das Denken, Fühlen und Handeln dessen, der die Bilder sieht.

Mit der Gesundheitswelle hat sich die Ansicht durchgesetzt,

dass es empfehlenswert ist, Lebensmittel zu meiden, die mit Umweltgiften belastet sind. Auch die geistige Nahrung kann gesund oder vergiftet sein. Wie die materielle Nahrung den Körper gesund oder krank macht, so macht auch die geistige Nahrung die Persönlichkeit des Menschen gesund oder krank. Gesunde und saubere physische Ernährung hat hohe Priorität – für das Reinheitsgebot des bayerischen Bieres gingen die Leute auf die Barrikaden –, während es kaum jemand für notwendig hält, auf die Gesundheit und Reinheit der geistigen Nahrung zu achten. Die westlichen Gesellschaften sind mit Bildern der Pornographie und Gewalt überschwemmt.

„Meyers großes Taschenlexikon" gibt Auskunft; was Pornographie heißt, nämlich „Hurenbeschreibung (von pórne „Hure") ... Darstellung sexueller Handlungen unter einseitiger Betonung des genitalen Bereichs."

Die Bilder spiegeln den sittlichen Verfallsprozess und sind zugleich eine seiner Ursachen.

Wir wissen, dass wir mit einer Geburtenrate von 1,1 eine aussterbende Gesellschaft sind, und wir wissen auch, dass sittlicher Verfall ein unfehlbares Kennzeichen untergehender Zivilisationen ist, aber wir befinden uns in einer kollektiven Verblendung, die diesen Zusammenhang nicht ins Bewusstsein treten lässt.

Dieser Prozess des moralischen Verfalls wird durch die gesetzgebenden Körperschaften nicht gebremst, sondern vorangetrieben. Die Parlamente der westlichen Gesellschaften beschließen in rascher Folge Gesetze, die den Missbrauch der menschlichen Geschlechtlichkeit zur gesellschaftlichen Norm erheben (Abtreibung, Homoehe, Aufhebung der „Sittenwidrigkeit" der Prostitution, Senkung des Mindestalters für homosexuelle Beziehungen in Österreich etc.). Das Wort „moralisch" hat einen abwertenden Klang bekommen, denn die Meinung, dass es für den Menschen erstrebenswert sein könnte, sein Verhalten am Guten auszurichten, erscheint spießig und antiquiert, ja im Widerspruch zum derzeit höchsten aller Werte, der Toleranz.

Wenn spätere Generationen, die wieder zu einer Kultur des Lebens zurückgefunden haben, auf diese Zivilisation zurückblicken und die Gründe beleuchten, warum sie untergegangen ist, dann werden sie in ihren Schulbüchern lesen:

- Frauen wollten keine Kinder mehr bekommen. Sie nahmen eine Pille ein, die Kinder „verhütete";
- Millionen Mütter töteten die Babys in ihrem Bauch;
- Aus Embryos wurden Medikamente und Kosmetika gemacht;
- Homosexuelle Paare durften heiraten und Kinder adoptieren;
- Alte Menschen wurden getötet, wenn sie nicht mehr arbeiten konnten, weil es viel mehr alte als junge Menschen gab.

Jene Kinder, die in einer Familie mit Vater, Mutter und Geschwistern aufwachsen, in einer Gesellschaft, in der Gott die Ehre gegeben wird, die Gesetze der Natur geachtet werden und die Wirtschaft den Bedürfnissen des Menschen dient, werden fassungslos fragen: *Wie konnte das geschehen?*

Es wird darauf so wenig eine Antwort geben wie auf die Leichenberge von Auschwitz, solange man nicht erkennt, dass der Mensch, der sich von seinem Schöpfer lossagt, wie ein steuerloser Kahn von der Strömung dieser Welt mitgerissen wird. Je tiefer er sich im Bösen verstrickt, um so blinder wird er für das, was er tut. Er sieht nicht mehr, dass er zum Werkzeug des Bösen geworden ist, und fragt nicht mehr nach seinem ewigen Heil oder Unheil.

Wie werden diese Kinder reagieren, wenn sie alt genug geworden sind, dass man sie mit Bildern der untergegangenen kapitalistischen Triebkultur konfrontiert, damit das Undenkbare nie wieder geschieht, etwa mit Bildern der alltäglichen Pornographie und Gewalt, Bilder von den zerstückelten Körpern abgetriebener Kinder oder gar solchen von der Tötung kleiner Kinder zum Zwecke der Lustbefriedigung?

Vielleicht wird man ihnen erzählen, dass die Menschen einen unerklärlichen Hang hatten, von frühester Jugend an täglich viele Stunden vor dem Fernseher zu sitzen, um Filme anzuschauen, in denen der Mensch dabei gezeigt wurde, wie er hemmungslos seine niedrigsten Triebe auslebte: Sex und Gewalt und Sex mit Gewalt.

„Aber warum“, werden die Kinder fragen, „wurden denn solche Filme gezeigt?“

„Ja, wisst ihr, das haben die Leute am häufigsten eingeschaltet, und nach den Einschaltquoten wurde das Geld verteilt, mit dem die Filme produziert wurden.“

„Und warum haben die Leute das so gerne angeschaut? Und warum wurde das Geld so verteilt?“

Ja, *warum*?

Vielleicht wird der Lehrer etwas darüber sagen, wie die Menschen damals Freiheit und Toleranz verstanden haben: Freiheit hieß, alles tun zu dürfen, wozu man Lust hatte, und Toleranz hieß, dass jeder selbst entscheiden durfte, was gut und böse ist. Wehe dem, der im Namen des Guten der Freiheit Grenzen setzen wollte. Für den gab es ein Schimpfwort, mit dem man ihn sofort zum Schweigen bringen konnte: „Fundamentalist!"

„Aber warum...?"

Fragen wir uns selbst, welche Wirkung Bilder des Bösen auf uns haben, Bilder der Gewaltausübung, des Leidens unter Gewalt, der sexuellen Anmache, des Geschlechtsaktes in allen Ausprägungen von Liebe, über Gier bis zum gewalttätigen Missbrauch.

Die erste Stufe ist die passive Infiltration, die zweite die Unterhaltung mit Sex und Gewalt – die Normalkost der Fernsehzuschauers – und die dritte Bilder, die die wirkliche Ausübung von Sex und/oder Gewalt zeigen. Die Übergänge sind fließend.

So wenig man Umweltgifte in der Nahrung vermeiden kann, so wenig kann man in unserer Kultur den Bildern von Gewalt und Sex entkommen. Kaum eine Nachrichtensendung, in der wir nicht Menschen in extremen Leidenssituationen sehen – seien sie verursacht durch Naturkatastrophen, Krieg oder Verbrechen. Regt sich noch ein Gefühl in uns? In der Regel bleibt es bei einem „Schlimm!!" und dem Gefühl, dass sich die dunkle Last auf dieser Welt vergrößert.

Kein Antrieb zu handeln, im Gegenteil: Bilder der Gewalt erzeugen Ohnmacht, das Gefühl der Ohnmacht tötet die Hoffnung, und Hoffnungslosigkeit erzeugt Lähmung: „Es hat ja doch keinen Sinn, gegen die Übermacht des Bösen anzugehen." Was könnte dem, der das Böse will, lieber sein?

Man kann keine Zeitung aufschlagen, an keiner Plakatwand vorbeigehen, keinen Werbeprospekt durchblättern, keinen Film anschauen, ohne Bilder sehen zu müssen, die es mit immer größerer Raffinesse darauf anlegen, den Betrachter sexuell zu stimulieren. Was ist die kulturelle Botschaft, die sich im Bewusstsein der Massen unbewusst festsetzt? Sex ist ein frei verfügbares Konsumgut zur Steigerung des Lebensgenusses.

Man kann den Bildern zwar nicht ausweichen, aber man ist nicht gezwungen, sich damit zu unterhalten. Doch die meisten Menschen tun es, viele Stunden täglich.

Wenn jemand einen großen Teil seines Tages mit Fernsehen, Video und Internet füllt, dann hat er vermutlich in seinem Leben nur dürftige Quellen lebendiger Erfahrung. Wer würde nicht lieber selbst aus der Quelle trinken, als durstig auf dem Bildschirm anderen dabei zuzusehen?

Der Mensch dürstet nach Leben. Wenn er diesen Durst mit elektronischer Ersatzwirklichkeit zu stillen sucht, dann muss der Ersatz Empfindungen stimulieren, die ihn über den Betrug hinwegtäuschen. Das geschieht durch Spannung. Am spannendsten ist es, wenn es um Sieg oder Niederlage, um Leben und Tod geht. Bei Gewalt geht es um Leben und Tod und bei Sexualität geht es in Wahrheit auch um Leben und Tod, selbst wenn diese Tatsache mit aller Macht verschleiert wird. Am allerspannendsten ist es, wenn es *wirklich* um Leben und Tod geht – das nennt man dann Reality-TV. Ein Schauder, eine Dosis Angst, ein Quantum sexuelle Stimulation in der Geborgenheit des Fernsehsessels bei Chips und Bier und der Abend ist gelaufen, wie ungezählte vorher und ungezählte nachher.

Aber was ist die Folge? Wie kommt es, dass Gewalttätigkeit unter Jugendlichen gang und gäbe ist, dass Schüler ihre Lehrer ummähen, dass es Mode wird, in Parlamenten Abgeordnete wahllos zu erschießen, dass niemand eingreift, wenn jemand auf der Straße zusammengeschlagen wird, dass alle Normen für eine dem Leben dienende Sexualität gefallen sind?

Die ständige Überflutung mit Bildern, auf denen die Menschen sündigen – ein Wort, das wie Sand im Schmieröl unserer Lust-Gesellschaft knirscht –, lässt die Sünde normal erscheinen, bringt die Stimme des Gewissens zum Schweigen und erweitert den Möglichkeitssinn für böses Tun.

Wenn man – bis man achtzehn ist – viele tausend Morde im Film gesehen hat, erscheint Gewalt „normal". Die Gefühle werden von der Wahrnehmung abgekoppelt. Jemand, der Menschen leiden sieht, ohne dass in ihm Mitgefühl wach wird, verroht. Das Gewissen beißt nicht mehr. Gerät er eines Tages in Bedrängnis, tut er das, was er tausendmal Menschen in Bedrängnis hat tun sehen: Er schlägt zu, er räumt den Gegner aus dem Weg. Die Fernsehscheinlebendigkeit hat ihn unfähig gemacht zu einer Hemmung durch Mitgefühl, unfähig zu einer Gewissenregung. Wird man Zeuge von Gewalt, schießt das Adrenalin nicht mehr in die Adern, das einen dazu bringen könnte, trotz der Angst für den bedrohten Schwachen einzutreten.

Das sind die Folgen der passiven Infiltration mit Bildern der Gewalt. Einen Quantensprung ins Böse stellt es dar, wenn man es genießt, am Bildschirm zu morden. Das tut nur ein Mensch, der sich in der Tiefe als ohnmächtiges Opfer fühlt und diesen unbewussten Schmerz dadurch verdrängt, dass er sich in der kranken Fantasie zum Täter macht. Rollenspiele – hier die Rolle des Mörders – haben die Funktion, Verhaltensmuster geistig vorzuprägen, wie Computerprogramme, die dann in einer bestimmten Situation aktualisiert werden.

Für den unbefriedigten Lebenshunger des Fernsehkonsumenten sind Bilder von praktizierter Sexualität ein gefundenes Fressen. Schon im Nachmittagsprogramm der großen Fernsehsender wird man zum „Spanner“ gemacht, zum Voyeur des Geschlechtsaktes anderer. Voyeurismus bedeutet laut Lexikon: „sexuelle Perversion, bei der eine Person durch den heimlichen Anblick der Geschlechtsorgane anderer Personen und/oder durch heimliches Zuschauen bei sexuellen Handlungen anderer sexuelle Luststeigerung erfährt.“ Ist es kein Voyeurismus mehr, weil diese Perversion zur öffentlichen Volksunterhaltung von Groß und Klein geworden ist?

Der Übergang zur Pornographie ist fließend. Wer Pornographie anschaut, raubt sich die Unschuld unwiederbringlich. Es ist unmöglich geworden, Kinder davor zu schützen. Die schamlosen Bilder zerstören das natürliche Schamgefühl, das Grenzen hütet, die nur in liebender Hingabe überwunden werden sollten.

Diese Grenzen werden schon im Sexualkundeunterricht in den Schulen eingerissen. Es ist ein Unterschied, ob man allein

Bilder sieht, die das Schamgefühl verletzen, oder in der Klassengemeinschaft von Jungen und Mädchen vom Lehrer solche Bilder vorgelegt bekommt und über „sicheren Sex“ aufgeklärt wird. Ich kenne einen Jungen, der im gemischten Klassenverband üben musste, wie man Kondome über Karotten zieht.

Es anders zu machen, ist ein riskantes Unternehmen. Die Auerbacher Schulschwestern wollten den Sexualkundeunterricht in Treue zur Lehre der Kirche gestalten. Dafür wurde ihnen allen, auch den Volksschullehrerinnen, von der bayerischen Kultusministerin Hohlmeier Berufsverbot erteilt. Niemand stand ihnen zu Seite, nicht der Orden, nicht die Kirche.

Die alltäglichen pornographischen Bilder erregen den Sexualtrieb, befriedigen ihn aber nie. Darin liegt der Kern der Dynamik, die den, der sich daran labt, auf eine schiefe Ebene befördert, auf der er immer weiter in die eiskalte Hölle harter Pornographie abrutscht. Ist es nicht merkwürdig, dass in einer Gesellschaft, in der die Menschen ständig sexueller Stimulation in beliebigen Härtegraden ausgesetzt sind, Männer Viagra brauchen?

Sexualität, die nicht Ausdruck liebender Hingabe von zwei Menschen ist, benutzt einen anderen Menschen zur eigenen Befriedigung und wirft ihn (zusammen mit dem Kondom) weg, wenn er ihm keinen Nutzen mehr bringt. Sexualität ist der Akt, in dem sich zwei Menschen im innersten Kern begegnen. Die Bibel hat dafür das wunderbare Wort „erkennen“. Einer erkennt den anderen in der Tiefe seines Wesens im sexuellen Akt. Wer aber den anderen benutzt oder sich benutzen lässt, wird in der Tiefe seines Wesens verletzt.

Unfähigkeit zu lieben, Unfähigkeit zur Bindung, damit die Zerstörung der inneren Voraussetzungen für Familie, Entwürdigung, Entwertung, Trostlosigkeit, Einsamkeit und Verzweiflung sind der Preis, der unerbittlich gezahlt werden muss, wenn man den Vor-Bildern folgt. Auf der Vorderseite Glanz, auf der Rückseite heulendes Elend und zerstörtes Leben.

Für den, der Gott als Schöpfer anerkennt, gibt es noch eine weitere Dimension. Die Sexualität ist der Punkt, an dem der Mensch unmittelbar mit der Schöpferkraft Gottes zusammenwirkt. Gott, der Schöpfer und Vater jedes Menschen, hat die Fortzeugung des Menschen, dem Er die ewige Seele einhaucht, in den Schoß der Frau gelegt. Deswegen ist die Sexualität der zentrale Angriffspunkt des Bösen.

(Da man heute jemandem, der offen von Satan spricht, mit der Guillotine des Fundamentalismus-Vorwurfs schnell die Zunge abhackt, will ich erläutern, was ich meine, wenn ich vom Teufel spreche. Ich glaube, dass ein unsichtbarer Kampf um die ewige Seele des Menschen stattfindet, ein Kampf zwischen Gott, der die Liebe ist, und einer aktiven, bewussten, bösen Kraft. Das wunderbare Gute und das unfassbar Böse, das auf dieser Welt geschieht, kann mit der eigenen Kraft des Menschen nicht erklärt werden, sondern damit, dass er sich zum Instrument der unsichtbaren guten oder bösen Kräfte macht, die ihn weit übersteigen.)

Durch die Verhütungsmittel wurde Sexualität aus dem Schöpfungszusammenhang gelöst und scheinbar befreit für die Liebe. Da aber Liebe ein anderes Wort für die Ganzhingabe an den

Geliebten ist und sich nur im uneingeschränkten Ja zum anderen entfalten kann, wurde aus dem Liebesakt ein Akt der Lustbefriedigung. Weil dahinter die ungestillte Sehnsucht nach Liebe steht, geht die Augenblicksbefriedigung gleich wieder verloren. Die Stimulantien der Lust müssen verstärkt werden, immer weiter verstärkt, bis die Grundbedingungen von Liebe gänzlich zerstört werden, nämlich Freiheit und Gewaltlosigkeit. Sex paart sich schließlich mit Gewalt und macht wehrlose Abhängige zu ihrem Opfer – *Kinder*. Der gemeinsame Schöpfungsakt Gottes und des Menschen zur Zeugung des Menschen wird auf das furchtbarste pervertiert.

Der Tausch und Handel mit Bildern von kinderverbrauchender Sexualität, mit denen massenhaft im halbdunklen Untergeschoss des Internets gehandelt wird, boomt. Auf einer als Aufklärungs-Information getarnten Internetseite, die aber in Wirklichkeit zweckdienliche Hinweise liefert, kann man lesen: „Weltweit finden sich täglich 40 000 Abnehmer von Kinderpornographie! In Deutschland stehen zum Beispiel gerade einmal zehn Beamte den weltweit Hunderttausenden von professionellen Gangstern und Teilzeit-Ganoven gegenüber."

Ein italienischer Priester, der eine Kinderhilfsorganisation leitet, hat im letzten Jahr 12 114 Anzeigen gegen Internetseiten erstattet, die den sexuellen Missbrauch von Kindern vermarkten. Er ist nun Morddrohungen ausgesetzt. (www.zenit.org, 21. 2.2002) Solche Bilder zu produzieren, anzuschauen oder zu besitzen, ist strafbar. Wer es tut, feiert den Triumph Satans in der eigenen Seele.

Jesus sagt: „Wer einen von diesen Kleinen, die an mich glauben, zum Bösen verführt, für den wäre es besser, wenn er mit einem Mühlstein um den Hals im tiefen Meer versenkt würde." (Mt 18, 6) Diese scharfen Worte richtet Jesus gegen Menschen, die Kinder zum Bösen *verführen*. Hier werden Kinder zur Lustbefriedigung verbraucht.

Ob es das auf dieser Erde jemals zuvor gegeben hat? Man neigt zu dem Gefühl, als braver Durchschnittsbürger hätte man mit dem äußersten Abgrund des Verbrechens nichts zu tun. Aber wir sind Teil eines Gewebes, in dem alles miteinander verbunden ist, in der vertikalen und horizontalen Dimension von Zeit und Raum. Die Sünden unserer Vorfahren lasten auf uns und verdunkeln die Gegenwart. Die Sünden der Gegenwart verdüstern die Zukunft. Das Gute, das einer tut, kommt allen zugute. Das Böse, das einer tut, wird allen zum Schaden.

Die Kinder vor Bildern des Bösen zu schützen, ist nicht mehr möglich, so bald sie sich von der Hand der Mutter gelöst haben.

Man wird noch einen gewissen Konsensus finden, dass es sich auf die Entwicklung eines Kindes ungünstig auswirkt, wenn seiner Ernährung von frühester Kindheit Alkohol zugesetzt wird. Bei geistiger Nahrung gibt es keinen Konsens über deren Nutzen oder Schaden für die Entwicklung der Persönlichkeit. Wenn, um im Bild zu bleiben, die Erwachsenenwelt überwiegend aus Alkoholikern besteht und die Produktion von alkoholischen Getränken mit speziellen Angeboten für die Jugend einen beträchtlichen Marktanteil der Volkswirtschaft ausmacht, wer soll dann die Kinder schützen?– Sie werden nicht geschützt, sie werden geopfert.

Die Massenjugendzeitschriften „Bravo“ und „Girl“, die spätestens mit zehn Jahren von fast allen Jugendlichen gelesen werden, sind Pornoblätter, die unsere Kinder und heranwachsenden Jugendlichen in verbrauchende Sexualität hineintreiben. Was ihnen als „normal“ verkauft wird, hätte noch vor drei Jahrzehnten Empörung und Widerstand ausgelöst. Es ist nicht normal, sondern die unverhüllte Manifestation des Fürsten dieser Welt.

Kinder suchen das Verbotene, sie wollen Grenzen überschreiten. Das ist der gesunde Instinkt der Jugend. Sie muss ihm folgen, denn sie bricht auf zu neuen Ufern. Aber wohin, wenn schon alle Grenzen eingerissen sind? Wir hinterlassen der nächsten Generation nicht nur eine ausgebeutete Natur, in der die Elemente rebellieren; wir hinterlassen ihr auch eine zerschundene Innenwelt, angefüllt mit Bildern von Gewalt und Sex. (Ich spreche hier nur von Bildern. Der gleiche Artikel müsste über Musik geschrieben werden.)

Soll also, so könnte jemand fragen, nur noch „Heidi“ im Fernsehen laufen? Nein, gewiss nicht. Die Frage ist, ob der Spiegel, den sich der Mensch mit den Bildern vorhält, die er selbst schafft, seine niedrigsten Triebe stimuliert und ihn allmählich und indirekt zur schweren Sünde verleitet oder ob in diesem Spiegel Wege aufgezeigt werden, wie sich der Mensch in der objektiven Spannung zwischen Gut und Böse zum Guten durchringt? Das war zu allen Zeiten das Thema der Kunst, die dann kein Kitsch ist, wenn sie sich der ganzen Wirklichkeit von Gut und Böse stellt. Dass man heute reüssieren kann, wenn man Leichenteile ausstellt und abartig Niederträchtiges als Literatur verkauft, ist ein besonderes Merkmal unserer Zeit.

Was sollen wir tun? Was können wir tun?

Die erste Frage ist, wie kommen wir aus der Lähmung heraus? Das Gefühl der Ohnmacht tötet die Hoffnung, und Hoffnungslosigkeit erzeugt Lähmung. Also ist die Hoffnung der Weg zur Überwindung der Ohmacht.

In einem Zustand der Hoffnungslosigkeit scheint es, als ließen die äußeren Faktoren keine andere Wahl als eben Hoffnungslosigkeit. Das ist ein Trugschluss. Man muss nur eine halbe Stunde joggen, um die Erfahrung zu machen, dass das Gefühl der Ohnmacht abnimmt, wenn der Sauerstoff im Blut zunimmt – bei gleichbleibenden äußeren Umständen. Das heißt: Die Erfahrung der eigenen inneren Veränderung zum Guten ist der Boden, auf dem Hoffnung gedeiht.

Schaffen wir in den eigenen vier Wänden Oasen, die von geistiger Umweltverschmutzung frei sind. Fernsehen und Internet erfordern ein neues Bewusstsein für Informationshygiene.

Wieviel Information über das Böse in der Welt brauchen wir? Einerseits ist es nötig zu wissen, in welcher Welt man lebt und wohin sie steuert. Wohl dem, der frühzeitig „Mein Kampf" gelesen hat und dadurch die satanische Verführung durchschaute. Andererseits fördern negative Nachrichten das Gefühl der Ohnmacht. Also nur das Nötigste in nüchterner Form.

Müde von der Arbeit kommen, sich in den Sessel fallen lassen und auf den Knopf drücken, ist überwiegend eine Einladung an Leute, die in ihren chaotischen Emotionen gefangen sind, andere über den Haufen schießen oder öffentlich kopulieren, sich im eigenen Wohnzimmer breit zu machen. Ich lege keinen Wert auf solche Gäste. Es entsteht viel freie Zeit, wenn man aufhört, Fernsehen als Entspannungsmittel zu benutzen, Zeit, die mit richtigem (Familien-)Leben gefüllt werden kann.

Wenn man Kinder hat, muss man prüfen, ob man in der Familie zu einem gesunden Umgang mit Fernsehen und Internet finden kann oder ob man diese Einfallstore von Unzucht und Gewalt aus dem eigenen Haus entfernt oder bis zu einem bestimmten Alter unzugänglich macht. Wir hatten zwölf Jahre lang keinen Fernseher, dann einen mit Kindersicherung. Es war unglaublich, mit welcher Entschlossenheit die Kinder die Fernbedienung im verborgensten Winkel des Hauses aufspürten, um sich kopfüber in die Fernsehwelt zu stürzen. Mein erwachsener Sohn sagt, dass er noch heute, zehn Jahre später, Bilder in sich trägt, die ihn damals zutiefst geängstigt und schockiert haben, ohne dass wir etwas davon wussten.

Auch wir Erwachsenen tragen vielleicht solche Bilder in uns. Wie reinigen wir uns davon? Es geht um *Heilung der Erinnerung*. Ich weiß kein anderes Mittel als das Gebet eines Priesters, der seine dreifache Vollmacht in Anspruch nimmt, zu heilen, Dämonen auszutreiben und Sünden zu vergeben.

Hat man das eigene Haus gereinigt, entsteht die Möglichkeit, die Einsicht in die Notwendigkeit und vielleicht der Wille, in der Außenwelt etwas zu verändern. Wie lange lassen wir Mütter noch zu, dass unsere Kinder systematisch auf Missbrauch der Sexualität und auf Gewaltausübung programmiert werden? Wechselnde Sexualpartner von der Pubertät an, sind die schlechteste Voraussetzung für den Bau einer gelingenden Familie. In den Scheidungswahnsinn unserer Zeit hineingeboren, glauben viele gar nicht mehr daran, dass eine glückliche Familie möglich ist.

Denkbar wären Elterninitiativen in Schulen und Gemeinden, die den Kampf gegen die Verführung der Kinder zu Sexualität und Gewalt durch Bilder aufnehmen. (Muss „Bravo" denn wirklich überall erhältlich sein? Man könnte dafür sammeln, den Kioskbesitzern eine Entschädigung für den Verdienstausfall anzubieten.)

Es gibt in unserer Gesellschaft nur eine große Institution, die sich der sittlichen Zerrüttung der Gesellschaft entgegenstellt – das ist die Katholische Kirche. Wenn irgend jemand, dann sind es Katholiken, die den wüsten Verführungen der jeweiligen Zeit standhalten, den Nazis ebenso wie den Kommunisten. Die Lehrschreiben von Papst Johannes Paul II, die in unserem Land systematisch aus dem Informationsfluss herausgefiltert werden, enthalten zu allen brennenden Fragen unserer Zeit großartige, von Hoffnung getragene und Hoffnung entzündende Antworten.

Wann fragen sich die gewohnheitsmäßigen Kirchenkritiker in den Medien, ob sie es wirklich verantworten können, die Kirche immer weiter zu schwächen?

Wann geben sich die Papstkritiker darüber Rechenschaft, ob der verwässerte Glauben wirklich die Kraft hat, die Umkehr Deutschlands zu bewirken?

Oder brauchen wir keine Umkehr?

Das Haus brennt, und wir streiten uns darum, ob der Teppich braun oder grün sein soll.

In den letzten drei Jahrzehnten wurden wir Zeuge, wie kleine Gruppen zu großen Bewegungen wurden und die Wertordnung unserer Kultur auf den Kopf gestellt haben: die atheistische Studentenbewegung, der Feminismus, die Grünen, die Homosexuellen. Wir wurden Zeuge, wie gegen alle Erwartung die Mauer in Berlin fiel.

Gesellschaftliche Veränderung ist also möglich. Sie wird von einzelnen initiiert, die sich von den bestehenden Verhältnissen nicht ins Boxhorn der Hoffnungslosigkeit jagen lassen und entschlossen und beharrlich handeln. Wir haben die Machtverhältnisse gegen uns, aber das Leben und den Himmel auf unserer Seite.

Was nottut, ist eine Bürgerbewegung gegen geistige Umweltverschmutzung, denn sie ist der Nährboden, auf dem Taten wie die von Erfurt gedeihen.

Rede und Antwort an Schüler

Juli 2002

Im katholischen Religionsunterricht der Stufe 11 eines Gymnasiums in Nordrheinwestfalen legte die Lehrerin ihren Schülern den Aufsatz „Vergiftung durch Bilder“ vor. Die Schüler führten darüber eine heiße Diskussion. Sie stellten der Autorin einige Fragen, auf die sie hier antwortet.

Liebe Schüler und Schülerinnen,

es freut mich sehr, dass Ihr meinen Artikel „Vergiftung durch Bilder“ im katholischen Religionsunterricht diskutiert habt, und ganz besonders, dass Ihr mir schreibt und Fragen stellt.

Bevor ich auf die einzelnen Punkte eingehe, möchte ich Euch eine Frage stellen: Habt Ihr den Eindruck, dass die Gesellschaft, in der Ihr lebt, auf einem Kurs ist, der in eine lebensfähige Zukunft führt, auf die Ihr mit Zuversicht und einem freudigen Gestaltungswillen zugeht?

Ich vermute, dass diese Frage kaum jemand bejahen wird. Und dennoch dürfte es für Euch schwierig sein, nicht zu glauben, was die Medien Euch pausenlos suggerieren: dass die Spaßgesellschaft Euch glücklich machen wird. Diese Botschaft unserer Kultur ist in meinen Augen ein groß angelegter Betrug, den Ihr mit Eurer Zukunft bezahlen müsst.

Wenn es so ist, dass für die Probleme unserer Zeit keine Lösungen sichtbar sind, dann drängt sich die Schlussfolgerung auf, dass wir alle miteinander auf dem falschen Dampfer sind. Der Kapitän dieses Dampfers ist das Geld. Ich glaube, dass wir das Steuer Gott übergeben müssen, wenn wir nicht in Chaos und Barbarei versinken wollen.

Ob Ihr wollt oder nicht, Ihr übernehmt von meiner Generation das Erbe eines menschenverachtenden Wirtschaftssystems (Arbeitslosigkeit, wachsende globale Armut), einer zerstörten Ökologie und moralischen Zerrüttung. Eines Tages, wenn Ihr entdeckt, dass Ihr allein gelassen und betrogen wurdet, werdet Ihr bittere Anklagen gegen uns erheben.

Dass Ihr Euch mit Musik, Alkohol und Drogen dicht macht, ist begreiflich, denn es ist schwer, der Wirklichkeit ins Auge zu schauen und dennoch aus der Hoffnung zu leben. Ich kann das nur, weil ich an Jesus Christus glaube und daran, dass er *wirklich* von den Toten auferstanden ist.

Es ist allerhöchste Zeit aufzuwachen, umzukehren und mit der Hilfe Gottes für eine Kultur des Lebens zu arbeiten. Wenn man das tut, findet man hier und heute eine Freude, der die Enttäuschung nicht auf den Fuß folgt, weil diese Freude aus der Beachtung der Lebensgesetze, ich könnte auch sagen, der Gebote Gottes entspringt.

Meine Antwort auf Eure Fragen ist an jeden einzelnen von Euch gerichtet. Ich habe selbst drei Kinder zwischen 18 und 23

Jahren. Für sie und für Dich und für jeden jungen Menschen, in dessen Augen ich die Schatten unserer Zeit entdecke, habe ich einen Wunsch und eine Hoffnung und ein Gebet: dass sie die Liebe Gottes erfahren, den Betrug der Glücksangebote unserer Zeit entlarven und zurückweisen und ihre Jugendkraft für den Aufbau einer Kultur des Lebens zur Verfügung stellen.

Wofür sonst?

Das braucht Mut zum Wagnis und die Bereitschaft, auszuscheren aus der Masse. Dann findet man eine neue und tragfähige Gemeinschaft mit Gleichgesinnten – beim Weltjugendtag 2000 in Rom waren es zwei Millionen.

Ihr fragt:

Warum ist der Wechsel von Sexualpartnern eine schlechte Voraussetzung für Familienbildung?

Jeder sehnt sich nach Liebe. Wie wäre es, wenn jemand zu Dir sagen würde: „Ich liebe Dich. Auf Dich habe ich gewartet. Du bist genau die/der Richtige für mich. Mit Dir will ich mein Leben aufbauen. Mit Dir will ich Kinder haben. Ich werde Dir treu sein in guten und in schlechten Tagen."?

Die Bereitschaft zur wechselseitigen Hingabe ist die Voraussetzung gelingender Familie. Es läuft einfach nicht, wenn zwei Menschen hoffen, durch die Verbindung mit einem anderen die eigenen Löcher der Bedürftigkeit stopfen zu können.

Vielleicht hast Du die Sehnsucht gar nicht mehr, weil du Dein Liebeskapital schon so oft in kleiner Münze ausgegeben hast. Wer von Euch die Mühle von Ex-und-Hopp-Sexualität schon ein paar Mal durchgemacht hat, der weiß, dass man sich zunehmend elend und benutzt fühlt – von der AIDS-Gefahr ganz zu schweigen. (Übrigens hat die UNO festgestellt, dass die Kondom-Strategie ein totaler Flopp ist. Siehe www.kath.net, 3.7.2002.)

Vielleicht glaubst Du nicht, dass eine solche Liebe überhaupt möglich ist. „Romantischer Kitsch von vorgestern“ wirst du sagen, oder: „Was habt Ihr uns denn vorgelebt? Scheidungen und Zerrüttung, wo man hinschaut.“

Du hast Recht mit der Anklage. Viele, viele von uns Eltern haben versagt als Vorbild und als Erzieher. Auch ich bin geschieden. Aber „in der Not wächst das Rettende auch“ (Hölderlin): Es gibt einen Neuaufbruch der Familie innerhalb der Kirche, eine um sich greifende Erkenntnis, dass die Familie mit Vater, Mutter und Kindern unverzichtbar ist.

Ich kenne einige junge Familien, die mit der bewussten Hinwendung zu Gott und zu den Sakramenten für sich und ihre Kinder einen Ort schaffen, in dem gutes, gesundes, menschliches Wachstum möglich ist und die Kinder Werte in sich aufnehmen, bei deren Fehlen es zu so furchtbaren Ereignissen wie Erfurt kommen kann.

Kaum einer wagt Euch mehr zu sagen, dass Keuschheit vor der Ehe eine höchst lohnende Investition für eine zukunftsfähige Familie ist. Selbst von Priestern hört Ihr das kaum mehr.

Gefällt Euch eigentlich diese Anbiederei? Oder sind euch Leute lieber, die für Überzeugungen gerade stehen, auch wenn sie dem Zeitgeist wie eine Gräte im Hals stecken?

Übrigens, der Papst ist so einer. Er will als „Papst der Familie“ in die Geschichte eingehen. Es lohnt sich zu lesen, was er zu dem Thema zu sagen hat: *Familiaris Consortio, Mulieris Dignitatem, Evangelium Vitae* etc. (Der Internet-Dienst www.zenit.org informiert täglich über Aktivitäten des Papstes und interessante Entwicklungen in der Kirche.)

Es lohnt sich auch, die Augen aufzumachen. Schaut Euch mal um, wie es Mädchen und Jungen geht, die aus freier Entscheidung Keuschheit leben – falls Ihr welche findet. Sie haben eine ganz besondere Ausstrahlung. Ihre Energien sind nicht im Auf und Ab von Begehren und Enttäuschung gebunden, sie haben Kopf und Herz frei für Interessen und Leistung und besitzen ein bemerkenswert gutes Selbstbewusstsein. Sie wissen, was sie wert sind, und prüfen, wem sie sich schenken wollen.

Warum geht es bei Sex um Leben und Tod?

Die Frage zeigt mir, dass eine neue Art von Aufklärung notwendig ist. Früher wusste man als Kind nicht, *wie* Kinder entstehen; heute wissen junge Leute offenbar nicht mehr, *dass* Kinder beim Geschlechtsverkehr entstehen, dass es also die primäre Funktion der Sexualität ist, neues *Leben* zu zeugen. Das ist nicht verwunderlich.

Kinder werden in der Petrischale gezeugt. Da ein Viertel der gebärfähigen jungen Frauen unfruchtbar ist, werden immer mehr Kinder in der sterilen Kälte eines Labors gezeugt, denn Frauen erinnern sich dann doch irgendwann, dass es schön ist und eine Erfüllung ihres Wesens, Mutter zu sein. Bald wird man Kinder mit genetischem Bestellschein im Internet ordern können. Wie werden die Menschen wohl reagieren, wenn sie erfahren, dass sie so gezeugt worden sind?

Ein Faktor der Unfruchtbarkeit ist die Pille. Beim ersten Besuch beim Frauenarzt bekommen junge Mädchen heute die Pille verpasst. Der Freund, die Eltern, die Lehrer sind (überwiegend) froh, dass sie sich künstlich unfruchtbar macht; die negativen gesundheitlichen und psychischen Folgen werden ignoriert. Ihr sollt doch alle euren Spaß haben, egal wie, ob hetero oder homo oder trans. Das wird Euch als Freiheitsrecht verkauft. Und wenn's dann doch „schief geht", nämlich ein Kind kommt, na dann lässt die Mutter es in ihrem Leib zerstückeln und in den Müll werfen. Vor ein paar Tagen hat das EU-Parlament beschlossen, dass „Abtreibung legal, sicher und für alle zugänglich sein soll". Ist es da verwunderlich, dass wir eine aussterbende Gesellschaft sind?

Am liebsten würde ich sagen: Liebe Kinder, lasst Euch nicht die Zukunft zerstören. Wundert es Euch nicht, dass alle hochtechnisierten Länder im Begriff sind, zu Altersheimen zu verkommen, während gleichzeitig die UN, die EU und die nationalen Parlamente nichts wichtiger finden, als die Abtreibung „legal, sicher und zugänglich" zu machen?

Jeder von Euch wird einmal nicht nur für sich selbst und die eigene Familie arbeiten müssen, sondern für zwei alte Leute obendrein. Ob Ihr dazu Lust haben werdet oder ob Ihr uns lieber, wenn wir unproduktiv geworden sind, bei schöner Musik mit einer Spritze ins Jenseits befördert, wie es in Holland und Belgien schon geschieht?

Niemand redet über das „Post Abortion Syndrom“, über die traumatischen Folgen der Abtreibung für die Frauen. Viele haben noch jahrzehntelang Schuldgefühle und Alpträume, weil sie ihr Kind getötet haben.

Dieses Kind hätte ich sein können oder Du, wenn unsere Mütter das „Recht“ auf Tötung ihres Kindes in Anspruch genommen hätten. Jedes Jahr tun das in Deutschland offiziell 130 000 Mütter; die Dunkelziffer ist mindestens noch einmal so hoch. Anstatt Bedingungen zu schaffen, unter denen Mütter ihre Kinder gerne zur Welt bringen, sollen Ausländer die Lücke im „Generationenvertrag“ schließen. Sind das nicht sonderbare Prioritäten in unserer Gesellschaft?

Wie kann ich Dir ins Herz legen: Ein Kind ist das größte Geschenk, das es gibt. Es kommt auf die Welt und liebt, bedingungslos! Hast Du schon mal in das Gesicht eines sechs Wochen alten Babys geschaut, das Dich voller Unschuld und grenzenlosem Vertrauen anlächelt? Ein Kind ist Leben, ist Zukunft, ist der größte Schatz, der einem Menschen anvertraut werden kann.

Wir behaupten von uns, dass wir weder im Bewussten noch im Unbewussten uns in der Lage fühlen zu morden, obwohl wir uns auch solche „Horrorfilme“, Krimis etc. anschauen.

Damit einer zum Mörder wird, müssen verschiedene Faktoren zusammenkommen. *Ein* Faktor ist, dass sich Gewalt als Option im Gehirn festsetzt, wenn man von Kindheit an Tausende von Gewaltszenen gesehen hat. Wenn man Filme, in denen der

Mensch als Sklave seiner niedrigsten Triebe gezeigt wird, zur Unterhaltung anschaut, bleibt das nicht ohne negativen Einfluss auf die sittlichen Werte des Betrachters. Warum ist Dir Deine Zeit und Deine Innenwelt dafür nicht zu schade?

Was ist schlecht an der „Girl"?
(Dort sind keine nackten Menschen abgebildet.)

Stimmt. „Bravo" ist wesentlich obszöner. Sex mit jedermann in jedem Alter wird in „Girl" als normal und wünschenswert dargestellt. Sex als Konsumgut unter den tausend anderen Konsumangeboten, auf die die jungen Leser heiß gemacht werden. Ihr könntet das Blatt mal daraufhin analysieren, welche „Werte" Euch untergejubelt werden, und Euch fragen, ob sie zukunftstauglich sind.

Wieso nehmen Sie sich das Recht, über das Leben anderer zu urteilen (Homosexuelle, Alleinerziehende etc.)?

Die gesellschaftliche Zustimmung zur Homosexualität ist ein Zeichen von untergehenden Gesellschaften. So war es auch in der Endphase der griechischen und römischen Kultur. Das ist auch ganz logisch, denn eine homosexuelle Verbindung ist unfruchtbar. Niemand konnte bisher nachweisen, dass es sich um eine erbliche Anlage handelt. Diese Behauptung ist Zweckpropaganda der äußerst aggressiven Homolobby. Langfristige Partnerschaften sind unter Homosexuellen extrem selten und der Partnerwechsel ist außerordentlich hoch, weshalb diese Gruppe stark HIV-gefährdet ist.

Warum also eine „Homoehe"? Wer wünscht das seinem Kind?? Die staatliche Anerkennung homosexueller Partnerschaften als „Ehe" bewirkt Desorientierung der Jugend und damit die weitere Zerstörung der Familie.

Ich selbst bin seit fünf Jahren eine alleinerziehende Mutter. Eine Mutter braucht einen Mann an ihrer Seite, Kinder brauchen ihren leiblichen Vater und ihre leibliche Mutter. Alles andere sind Notbehelfe, die für alle Beteiligten Leiden und Mangel mit sich bringen.

Nachmittagsprogramm: Pornos?

Ich benutze das Fernsehen fast nur zur politischen Information. Aber wenn ich dann doch mal die Programme durchschaue, auch am Nachmittag, läuft irgendwo eine Sexnummer, die darauf abzielt, den Zuschauer aufzugeilen. Für mich ist das Pornographie, die mein Schamgefühl verletzt. Scham ist ein natürlicher Schutz vor sexueller Ausbeutung. Wenn man sich immer wieder zum „Spanner" machen lässt, kommt es zu einem Prozess der „Entschämung", der jene lebenstragende Liebe, von der ich oben gesprochen habe, verhindert.

Was ist schlecht an Toleranz?

Toleranz ist – richtig verstanden – etwas Gutes. Das lateinische Wort *tolerare* heißt tragen, ertragen. Wenn ein Mensch, der mir wichtig ist, in Fragen, die mir wesentlich sind, eine andere Meinung hat als ich, dann ist das Offenbleiben für die Sicht des anderen eine positive Anstrengung, an der ich wachsen kann.

Für den Christen ist diese Art von Ertragen immer geboten, denn er ist nur aufgefordert zum Bekenntnis, nicht aber zur Durchsetzung seiner Werte mit Macht und Gewalt. Für den Christen gibt es keinen Zweck, der schlechte Mittel heiligen könnte, vielmehr zerstören schlechte Mittel den guten Zweck.

Der Wert der Toleranz wird jedoch dazu benutzt, um den Anspruch auf absolute Wahrheit zu diffamieren. Allein der Glaube daran, dass Jesus Christus der Weg, die Wahrheit und das Leben ist – und zwar für alle Menschen – wird als intolerant gebrandmarkt. Jesus selbst ist für diesen Anspruch hingerichtet worden. Er hat weder seinen menschlichen Anhängern noch den Engeln im Himmel befohlen, für ihn zu kämpfen, sondern hat sich „freiwillig dem Leiden unterzogen". Hier liegt das Geheimnis des Christentums.

Liebe Schülerinnen und Schüler,

dieser Brief wird Euch nun weiteren Stoff zur Diskussion geben. Vielleicht hat der eine oder der andere von Euch Zeit, sich in der Tiefe seines Herzens zu fragen, ob es wahr ist, was ich Euch hier schreibe. Ich bete dafür, dass Ihr die Wahrheit erkennt und den Mut habt, danach zu handeln.

Danke für Eure Bereitschaft, Fragen zu stellen.

G.K.

Jugend liebt Papst – Weltjugendtag 2000 in Rom

August 2000

Gibt es einen zweiten Menschen auf dieser Erde, der den Jugendlichen dieser Welt zurufen könnte: „Kommt!“, und es kämen zwei Millionen aus 120 Ländern? Der Mensch, der dies kann, ist Papst Johannes Paul II, Oberhaupt der Römisch-katholischen Kirche, von der jemand, der sich aus deutschen Zeitungen über sie informiert, meinen müsste, sie sei kurz vor dem Exitus.

Womit lockt der Papst die Jugend dieser Welt? Hören wir seine Stimme, diese unverwechselbare, wahrhaftige, nun schon alte, manchmal zitternde Stimme: „Jugendliche aller Kontinente, habt keine Angst, die Heiligen des neuen Jahrtausends zu sein!“

Heilig wird der Mensch unter dem Kreuz, und es ist das Kreuz, mit dem dieser Papst die Jugend sammelt. In seiner Botschaft an die Jugendlichen der Welt zur Vorbereitung auf diesen 15. Weltjugendtag schreibt er gleich zu Beginn: „Vor fünfzehn Jahren vertraute ich euch zum Abschluss des Heiligen Jahres der Erlösung ein großes Holzkreuz an mit der Bitte, es in die Welt hinauszutragen als Zeichen der Liebe des Herrn Jesus zur Menschheit und der Verkündigung, dass nur im gestorbenen und auferstandenen Christus Heil und Erlösung zu finden sind.“

Dieses Kreuz ist um die Welt getragen worden und nun im Heiligen Jahr nach Rom zurückgekehrt.

Hätten am vergangenen Samstag und Sonntag nicht wirklich und wahrhaftig zwei Millionen Jugendliche größte Strapazen auf sich genommen, um dem Heiligen Vater auf dem riesigen Gelände der Universität Tor Vergata südlich von Rom zuzujubeln, sich von seinem Wort begeistern zu lassen, mit ihm zu beten und die Heilige Messe zu feiern, dann könnte man meinen, hier träume ein alter Mann, der den Kontakt zur Wirklichkeit verloren hat.

Weit gefehlt: Johannes Paul II ist ein visionärer, geschichtsmächtiger Papst, der im tiefen Glauben an die Wahrheit des Evangeliums wagt – und gewinnt. Und er ist ein Papst, der die Jugend liebt.

Massenveranstaltungen sind nicht meine Sache. Mitten im August mit Millionen Jugendlichen in Rom?? Aber in der Dunkelheit unserer Zeit wollte ich Zeuge sein für den Lichteinfall und so habe ich mich zu fünfzig jungen Menschen der „Jugend 2000“ in den Bus gesetzt.

Es geht nicht gleich nach Rom, sondern zunächst nach Fano. Wir werden in der kleinen Pfarrei mit überschwänglicher Gastfreundschaft aufgenommen. Messen auf den Plätzen, Partys, Katechese, viel gutes Essen und vorbeugende Erholung am Strand der Adria.

An zwei großen Pilgerstätten machen wir Halt auf unserem Weg nach Rom: in Loreto und in Orvieto. Diese beiden Stationen verkörpern das Alpha und Omega, das der Heilige Vater der Jugend der Welt verkündet: Die Menschwerdung Gottes – in Loreto knien wir nieder im Haus der heiligen Familie von Nazareth – und seine bleibende Gegenwart im Sakrament der Eucharistie. In Orvieto fiel vor achthundert Jahren ein Blutstropfen aus einer konsekrierten Hostie auf das Kelchtuch, ein Wunder, dem wir den Dom von Orvieto und das Fronleichnamsfest verdanken.

Am Abend vor Maria Himmelfahrt Ankunft in Rom. Die Stadt ist mit 25 000 freiwilligen Helfern aus aller Welt darauf vorbereitet, die Völkerscharen aufzunehmen. Unsere Unterkunft liegt weit außerhalb in Palestrina. In leeren Schulen rollen wir auf dem nackten Steinboden die Isomatten aus. Der um den Hals gehängte Pilgerausweis berechtigt uns, alle Verkehrsmittel kostenlos zu benutzen und auf Straßen und Plätzen in Sechsergruppen Essen zu fassen. In einer blauen Pilgertasche finden wir neben Nützlichem für Rom die Ausrüstung für die Sendung in die Welt, das Markusevangelium *con benedictione Joannes Paulus II* und eine Öllampe mit Kerze, denn darum geht es diesem Papst: die Erneuerung der Kirche durch die Jugend. Durch wen sollte sie sonst erneuert werden? Wer, außer dem Heiligen Vater, traut es der „heutigen Jugend" zu?

Eröffnung an Maria Himmelfahrt. Jeder weiß, dass der Papst ein *totus tuus* ist, einer der Seine [sic!] Werke mit der Gnade der Jungfrau vollbringt, und so beginnt er dieses Triumphfest der Kirche im Jubeljahr 2000 am Tag ihres Triumphes, ihrer Aufnahme in den Himmel mit Leib und Seele. 300 000 junge Menschen stehen vor der Lateran-Basilika, 400 000 auf dem Petersplatz. Es bleibt einem nur noch der Platz unter den eigenen Fußsohlen. Jugendliche aller Kontinente, die in etwa so alt sind wie das Pontifikat dieses Papstes, begrüßen den Heiligen Vater. „Wir wissen, dass Sie uns lieben, und wir lieben Sie auch. Wir haben Hunger nach der Wahrheit und sind hier, um die Wahrheit zu hören, die einzige, die uns frei macht."

Es ist der Johannesprolog, mit dem der Heilige Vater auf diesen Hunger antwortet. Dann fragt er: „Was sucht ihr hier? *Wen* sucht ihr hier? Ihr sucht Jesus Christus und dieser Jesus Christus sucht euch." Jubeln und Winken und Klatschen genügen nicht mehr, die Menschen springen in die Luft.

Während der folgenden drei Tage wird die Stadt zu einer Glaubensschule. Die Bischöfe und Kardinäle der Welt halten Katechesen in überfüllten Kirchen zu drei zentralen Themen: Jesus Christus der Emmanuel, der Gott mit uns; das Geheimnis der Erlösung durch die Hingabe Jesu bis zum Tod am Kreuz; und der Weg der Heiligkeit.

Darüber spricht Kardinal Schönborn, der „Herzbischof" von Wien, in seiner überfüllten Titelkirche. Auch er ist einer, dessen Menschlichkeit das hohe Amt überstrahlt. Er sagt: Millionen von Heiligen hat dieses Jahrhundert des Todes hervorgebracht, Menschen, die lieber gestorben sind, als ihren Glauben zu verraten. Und wie wird man heilig? Durch Stille, Gebet, Opfer – o ja, die Kleider kleben uns am Leib und die Füße schmerzen –, Jesus lieben lernen im Evangelium, in den Armen, in der Eucharistie, Vertrauen zur Kirche, auch zu ihrer Morallehre, und Liebe zu den Sakramenten, insbesondere zur Beichte.

Wer hätte darauf gewettet, dass die Jugendlichen sich für diese Botschaft mit Ovationen bedanken?

Siebentausend Priester sind in der Stadt und tun ihren Dienst in den Beichtstühlen, von denen allein zweitausend auf dem Circus Maximus stehen und ständig in Betrieb sind. Die Beichte ist Voraussetzung, um mit dem Durchschreiten der Heiligen Pforte den Jubiläumsablass zu gewinnen – ein Gnadengeschenk der Kirche, das dieser mutige Papst den Gläubigen wieder in die Hände gelegt hat.

Wir stehen am Fuß der Via della Conciliazione. Ein buntes Menschenmeer wogt dem Petersdom entgegen, Fontänen aus Feuerwehrschläuchen glitzern im Sonnenlicht und verschaffen hie und da Kühlung. Ich habe mich vorbereitet auf diesen Schritt durch die Heilige Pforte. Lösungen sind nötig, die ich ohne Gnade nicht lösen kann. Früher habe ich mir Rituale selbst gebastelt. Nun sind es Rituale, deren Kraft sich aus einer zweitausendjährigen Tradition speist, einer Tradition, die hier, an den Gräbern des Petrus und Paulus, ihren Anfang genommen hat.

Zweihundert Veranstaltungen aller Art werden angeboten in Rom – überbordende Lebensfülle, aber schon die Ecksteine dieser Pilgerwoche halten einen in Atem.

In einem Park gibt es ein Treffen für die 12 000 deutschen Pilger. Das sind wenig im Vergleich zu den Franzosen (70 000) und den Polen (40 000), aber doch immerhin doppelt so viel wie in Paris. Es war die „Jugend 2000“, eine eucharistische neue Jugendbewegung, die es sich zum Ziel gesetzt hat, die peinliche Abwesenheit der Deutschen bei den Weltjugendtreffen zu überwinden. Seit Paris beginnen nun auch die offiziellen Jugendverbände und die Bischöfe – von denen einige hier anzutreffen sind – das Potenzial der Weltjugendtage zu erkennen.

Danach gelange ich noch quer durch die Stadt in ein Fußballstadion, in dem die neuen Gemeinschaften den Abend gestalten. Dort wo sonst die Massen in künstlicher Polarisierung grölen, treten wir ein in andächtige Stille. Das Allerheiligste ist ausgesetzt, winzig klein auf einem hohen Podest mitten im Stadion und groß an die Leinwand projiziert. Ein Priester holt die Monstranz herunter und schreitet, begleitet von zwei Weihrauch schwenkenden Priestern in weißen Talaren, über den grünen Rasen, um den eucharistischen Segen zu spenden. Dann braust es los aus fünfzig Lautsprecherboxen: „Halleluja, Vive le Seigneur!"

Am Freitag Kreuzweg, geleitet von Kardinal Ruini. Ich sitze bei den Journalisten vor dem Kolosseum und schaue den Bischöfen ins Gesicht, die zu Hunderten einziehen. Mit Einbruch der Dunkelheit werden in den Bögen des Kolosseums Feuerschalen entzündet. Auf den ungebrochenen oberen Mauerring des Kolosseums wird die Christusikone projiziert, die in voller Größe morgen in Tor Vergata hinter dem Stuhl des Papstes zu sehen sein wird. Große offene Augen, gesammeltes Bewusstsein.

Hierher, wo die Christen den Löwen zum Fraß vorgeworfen wurden, wird das Kreuz getragen, das die Jugend der Welt gesammelt hat, gefolgt von einem Meer kleinerer weißer Kreuze, Fackeln, hohen Palmzweigen und unzähligen kleinen Lichtern in den Händen der Menschen. Der Zug macht Halt an den Stelen am Wegesrand und gedenkt der Märtyrer, die durch die Jahrhunderte hindurch für Jesus Christus ihr Leben hingaben, Abertausende unter den kommunistischen und faschistischen Diktaturen des vergangenen Jahrhunderts.

Samstag früh setzen sich die Massen in Bewegung nach Tor Vergata. Es bedeutet für sie Aufstehen in aller Herrgottsfrühe und stundenlanger Marsch über Asphaltstraßen unter glühender Sonne.

Menschen, Menschen, Menschen, so weit das Auge reicht. Das also sind zwei Millionen. Fünfzig Millionen Opfer hat der Zweite Weltkrieg gekostet, weil die Welt nicht fähig war, die Warnung der Muttergottes in Fatima ernst zu nehmen. Bei der Eröffnung sagte der Papst: „Wenn jugendliche Menschen miteinander beten, werden sie in Zukunft nicht aufeinander schießen."

Der Heilige Vater betritt das Gelände durch ein riesiges Tor, das eine moderne Plastik des Gekreuzigten trägt, Hand in Hand mit fünf Jugendlichen aus allen Kontinenten. Er besteigt das Papamobil und beginnt seinen Triumphzug durch die jubelnde Menge. Als er Platz genommen hat, tragen zwei Jugendliche das Gnadenbild von Santa Maria Maggiore die Stufen empor und reichen es dem Papst zum Kuss.

Wir sind versammelt zu einer Gebetswache für die ernsten großen Anliegen dieser Welt, was nicht hindert, dass die fetzigen Musik- und Tanzeinlagen die Massen und sogar den Heiligen Vater zum Swingen bringen. Er ergreift das Wort. Wem die Hoffnung sinkt, der möge diese Ansprache und die Predigt vom Sonntag nachlesen. Endlich, endlich spricht ein Führer dieser Welt die Wahrheit, ist identisch mit seinem Wort, kompromisslos und radikal im Dienst der Liebe.

Einer Generation, die durch den verheerenden Missbrauch von Macht jeden Glauben an die Einheit von Autorität und Weisheit verloren hat, in der durch das Zerbrechen der Familien die Väter abhanden gekommen oder schwach geworden sind, schenkt Johannes Paul II den Vater zurück und damit die Möglichkeit, an einen liebenden Vater im Himmel zu glauben.

Ich wandere hinaus aus dem hellen Licht der Bühne, dorthin, wo die kleinen Lämpchen zu Tausenden brennen. Tiefer Friede liegt über den Menschen. Sie beten wirklich. Das hier ist keine fanatisierte, keine berauschte Masse; das sind im Ziel geeinte Menschen, die Einzelne bleiben, weil jeder eine vertikale Beziehung zu Gott hat. Irgendwo finde ich unter meinen Brüdern und Schwestern ein Plätzchen zum Schlafen.

Zur Heiligen Messe am Sonntag tragen alle Priester und Bischöfe die selben Messgewänder: Rote und gelbe Pinselstriche deuten auf den Heiligen Geist. Der Papst predigt über die Eucharistie: „Wenn es um das 'Brot des Lebens' geht, ist Jesus nicht bereit nachzugeben. Vielmehr nimmt er in Kauf, dass sogar die Menschen, die ihm am nächsten stehen, Abstand nehmen." Das hat auch dieser Papst getan – mit dem Erfolg, dass er die Jugend zurückgewinnt für die Sache Gottes. Er gewinnt sie zurück, weil er an die Wahrheit des Evangeliums glaubt, sie kompromisslos verkündet und die Jugend liebt.

Sind Märtyrer intolerant?

Ungelehrte Gedanken einer Konvertitin zum Vatikandokument *Dominus Jesus*

Oktober 2000

Im Gnadenjahr 2000, kurz nachdem zwei Millionen Jugendliche dem Papst in Rom zugejubelt haben, hielt es das Lehramt der Katholischen Kirche für notwendig, wesentliche Glaubensaussagen zu bekräftigen. In der Erklärung *Dominus Jesus – Über die Einzigkeit und Heilsuniversalität Jesu Christi und der Kirche* wird nichts gesagt, was durch den Katechismus und das Zweite Vatikanische Konzil nicht verbindlich festgelegt wäre, und doch ist die Empörung groß.

Mit ihrer ganzen Autorität stellt sich die Kirche hinter den Anspruch Jesu Christi, den vor ihm und nach ihm kein Mensch jemals erhoben hat, nämlich: „Ich bin Gottes Sohn. Ich bin der Weg, die Wahrheit und das Leben. Keiner kommt zum Vater außer durch mich." Wegen dieses Anspruchs wurde Jesus Christus gekreuzigt. Für diesen Anspruch hat sich Jesus Christus freiwillig dem Leiden unterworfen.

Damit widerspricht die Kirche dem Credo des Zeitgeistes, das heißen könnte: „Ich glaube, dass alle Religionen gleich gültige Wege zu ein und demselben Gott sind. Wer behauptet, dass sein Weg der einzig wahre ist, bedroht den Frieden."

Nicht genug damit: Die Römisch-katholische Kirche erhebt

auch noch den Anspruch, die einzig wahre Kirche unter den christlichen Kirchen zu sein. Nicht Schwester sei sie den anderen Kirchen, sondern deren Mutter. Glaubend, dass Jesus Christus ganz Gott und ganz Mensch ist und damit der Erlöser der ganzen Menschheit, ist die Kirche verpflichtet, die frohe Botschaft bis an die Enden der Welt zu verkünden.

Für mich, die ich erst Anfang 1997 nach 25 Jahren Suche in die Katholische Kirche eingetreten bin, war dieser Absolutheitsanspruch der Katholischen Kirche das größte weltanschauliche Hindernis meiner Konversion. Als ich 1977 Gelegenheit hatte, eine große Reise durch die USA zu machen, um über spirituelle Kommunen zu schreiben, wurde ich angesteckt von der Begeisterung für das „New Age", einer spirituellen Bewegung, in der alle Religionen und religiösen Gruppen mit ihren Gurus und Methoden ihren Platz haben – außer die Kirche. Hier schien meine Friedenshoffnung eine Antwort zu finden: Wenn alle Propheten auf dieser Erde gleichermaßen verehrt würden, dann müsste doch Frieden werden unter uns Menschen. Jesus Christus galt als einer unter anderen.

Was ist aus dieser Bewegung geworden? Die Glaubenssätze des „New Age" haben sich in den Köpfen und Herzen der Menschen festgesetzt, sie bestimmen den Geist unserer Zeit. Neben dem oben genannten: Alle Religionen sind gleich gültige Wege zu dem einen Gott, glaubt der moderne Mensch – wenn er überhaupt noch die Augen fragend zum Himmel erhebt – daran, dass Gott eine kosmische Energie und unser Wesenskern ist, mit dem wir durch eigenes Tun verschmelzen können, dass uns nicht das ewige Leben und schon gar nicht die Hölle erwartet, sondern die Wiedergeburt, und dass die Religion dazu da ist, unser irdisches Glück zu mehren. Jeder soll auf seine Fasson selig werden. Hauptsache wir sind tolerant, dann wird Frieden.

Aber stimmt das? Was ist die *Wirkung* dieser geistigen Strömung, die zum Mainstream geworden ist? Gibt es Anzeichen dafür, dass diese Bewegung den zerstörerischen Kräften etwas entgegenzusetzen hat, etwa dem Zerfall der Familie oder der Anmaßung der Wissenschaft, zu sein wie Gott und den Menschen zu schaffen? Ist mehr Frieden geworden auf dieser Erde?

Die Antwort ist nein, und ich denke, es ist an der Zeit, dass wir uns fragen, wie das, was eine Gesellschaft denkt und glaubt, mit dem zusammenhängt, was sie tut.

Mich selbst haben die breiten Pfade der modernen Spiritualität in eine so gründliche Krise geführt, dass ich mich nicht mehr darüber täuschen konnte, auf Sand und nicht auf Fels gebaut zu haben. Ich erinnere mich, wie ich an meinem Meditationsplatz saß – vor mir eine Buddha-Statue, ein Christusbild, ein Foto von Mutter Meera (einer indischen Heilsbringerin), Steine von schamanistischen Ausflügen – und wie ich vollkommen ratlos war, wohin ich mich wenden sollte. Es war klar, dass eine Wahl für den einen oder anderen Weg außerhalb meiner willkürlichen Entscheidungsmacht lag.

Als dann die Krise mein Leben aus den Angeln hob, kam ich schließlich an den Punkt, mir meine Ohnmacht einzugestehen, die Unfähigkeit, mein Glück selbst zu verwirklichen. 25 Jahre Suche auf den Wegen der Psychologie und Esoterik und rundum Finsternis. Ich wurde bereit, meine Sicht von der Welt und von mir selbst gründlich in Frage zu stellen.

Peter Wust beschreibt in seinem lichtvollen Werk „Ungewissheit und Wagnis“ die magnetische Wirkung der Ohnmacht: „So bedarf es denn oft sehr vieler Umwege, bis der Mensch einsehen lernt, dass das Misslingen aller Pläne seines Eigenwillens einen ganz tiefen Erziehungssinn hat und dass widrige Lebensschicksale nur Gnaden der Vorsehung sind. Die Vorsehung muss zunächst durch immer neue Rückschläge seinen Eigenwillen so lange zermürben, bis gleichsam ein leerer Raum im Innern der Seele entstanden ist, in den die übernatürliche Kraft der Gnade einströmen kann.“ (S. 304)

Ich machte mich auf die Suche nach Fels, ohne zu ahnen, dass ich ihn dort finden würde, wo ich nur Unlebendigkeit und erstarrte Autorität vermutete: in der Katholischen Kirche.

Die Empörer gegen *Dominus Jesus* befinden sich in unterschiedlicher Ferne zur Katholischen Kirche. Von außen nach innen lassen sich vier Gruppen ausmachen, die sich mit ganz unterschiedlichen Motiven und Interessen dagegen wehren, dass das Lehramt der Katholischen Kirche tut, wozu es da ist, nämlich den Glauben vor der natürlichen Erosion durch die jeweilige Zeit zu bewahren:

1. die große Masse der ungläubigen toleranten Humanisten
2. nicht-christliche Religionsgemeinschaften
3. Protestanten und andere Christen
4. Katholiken

Warum und wofür kämpft der äußere Ring, die große Mehrheit der Menschen in unserem Land, die von katholischen Glaubenswahrheiten nichts wissen und nichts wissen wollen, deren Überzeugungen aber tief in die Kirche eingedrungen sind?

Über ihren Köpfen flattert die Fahne der Toleranz, die für eine Grundbedingung des Friedens gehalten wird. Toleranz heißt im Wortsinn *tragen, ertragen*. Sie klagen die Kirche an, dass sie mit ihrem Anspruch, im Besitz der absoluten Wahrheit zu sein, intolerant und somit ein Friedensstörer sei. Angegriffen wird allein der Anspruch, ohne die Frage zu stellen, was denn der Inhalt dieses Anspruchs ist.

Berechtigt und nachvollziehbar wäre die Empörung dieser Gruppe, welche Konvertiten sehr persönlich zu fühlen bekommen, wenn die Katholische Kirche ihren Anspruch mit Mitteln der Macht und Gewalt geltend machte, wenn also die Katholische Kirche ihren Glauben an die Einzigkeit und Heilsuniversalität Jesu Christi den Ungläubigen in irgendeiner Weise aufzwingen würde.

Das wird für die gegenwärtige Zeit niemand behaupten wollen: Die Kirche ist in der Defensive und der Glaube „im freien Fall“, wie Erzbischof Dyba es formuliert hat. Mögen die toleranten Humanisten zeigen, wo ihr Territorium von Katholiken heutzutage aggressiv verletzt wird.

Hätte die katholische Lehre eine inhärente Neigung zu Macht und Gewalt, die nur gerade keine Chance hat, sich in der Gesellschaft auszubreiten, dann müsste diese Lehre demaskiert werden, dem Wolf müsste der Schafspelz heruntergerissen werden.

Aber über den Inhalt der katholischen Glaubenslehre wird nicht gesprochen.

Der Mensch hat eine inhärente Neigung zu Macht und Gewalt, und von dieser Neigung sind auch katholische Menschen nicht dadurch frei, dass sie getauft sind. Es gab Kreuzzüge, es gab Hexenverbrennungen, es gibt abstoßende Machtstrukturen in der Kirche, es gibt religiösen Zwang in rechtgläubigen Familien, der die Liebe der Kinder zu den Eltern und zu Gott erstickt – vor dem letzten Konzil mehr als danach. Aber wenn es eine Lehre gibt, die die Kraft hat, diese Urneigung des Menschen zu bändigen, ja in Liebe zu transformieren, dann ist es das Evangelium Jesu Christi. Es ist mehr als eine Lehre, denn Jesus Christus hat ihr sein eigenes Blut eingegossen. Sein freiwilliger Tod am Kreuz ist das Gnadenkapital, das Er in die Sakramente seiner Kirche investiert hat.

Gibt es eine radikalere Aufforderung zum Frieden als das Gebot: „Liebet eure Feinde!"? Gibt es jemanden, der dieses Gebot radikaler gelebt hätte als Jesus Christus? Noch am Kreuz hat er den Vater um Vergebung für die gebeten, die nicht wussten, was sie taten. Von Anfang an und zu allen Zeiten wurden Christen nicht deswegen hingerichtet, weil sie andere erniedrigt, unterdrückt und ausgebeutet hatten, sondern weil sie von weltlichen Machthabern, die die Schwächeren erniedrigt, unterdrückt und ausgebeutet haben, als Bedrohung empfunden wurden.

So sei an die Toleranten die Bitte gerichtet, Menschen gegenüber tolerant zu bleiben, die ihnen nichts tun, selbst wenn das, woran diese Menschen glauben, ein Stachel in ihrem Fleisch ist.

Jesus Christus ist für alle Zeiten ein Stachel im Fleisch der Welt, denn er fordert zur Entscheidung zwischen Gut und Böse heraus. Er, „durch den die Gedanken vieler Menschen offenbar werden“, stört den Schlaf in der Illusion eines grauen Niemandslandes zwischen Gut und Böse.

Die zweite Gruppe, die nicht christlichen Religionsgemeinschaften, glauben ebenso wie die Katholische Kirche an die absolute Wahrheit ihrer Lehre. Das gehört zum Wesen der Religion. Weil der Mensch aufgefordert wird, umzukehren und sein letztes Ziel nicht in dieser Welt, sondern in der jenseitigen zu erkennen, ist Religion ein Ärgernis für alle, die ihr Glück nur in dieser Welt suchen. Menschen, die den schmalen Pfad ihrer Religion wirklich gehen, werden sich immer in denen wiedererkennen können, die das auch tun, selbst wenn es Menschen sind mit anderer Hautfarbe, anderer Sprache und anderer Religion. Jedem *homo religiosus* ist es darum zu tun, aus dem Gefängnis des Egos auszubrechen, um in die Freiheit des göttlichen Willens zu gelangen.

Die Bereitschaft zum Dialog mit den anderen Religionen dieser Erde hat Papst Johannes Paul II bewiesen, als er deren Führer 1986 zum Friedensgebet nach Assisi einlud – ein Ereignis, dessen wir am 27. Oktober gedenken. Er wurde dafür kritisiert, als hätte er Glaubensterritorium freiwillig aufgegeben. In *Dominus Jesus* heißt es: „Die Parität, die Voraussetzung für den Dialog ist, bezieht sich auf die gleiche personale Würde der Partner, nicht auf die Lehrinhalte und noch weniger auf Jesus Christus, den menschgewordenen Sohn Gottes.“

Unter der dritten Gruppe der nicht katholischen Christen fühlen sich viele gekränkt: Wir haben doch so gut geschwisterlich miteinander geredet, von gleich zu gleich, und jetzt erhebt ihr euch wieder über uns, sagt, ihr seid etwas Besseres, nicht Schwester, sondern Mutter. Hier ist die Front nicht der Glaube an die Heilsuniversalität Jesu Christi, sondern der Anspruch der Katholischen Kirche, die einzig wahre Kirche zu sein.

In *Dominus Jesus* heißt es: „Der Herr Jesus, der einzige Erlöser, hat nicht eine bloße Gemeinschaft von Gläubigen gestiftet. Er hat die Kirche als *Heilsmysterium* gegründet: Er selbst ist in der Kirche und die Kirche ist in ihm." Und weiter unten: „Die Gläubigen sind *angehalten zu bekennen*, dass es eine geschichtliche, in der apostolischen Sukzession verwurzelte Kontinuität zwischen der von Christus gestifteten und der Katholischen Kirche gibt. Sie ist die einzige Kirche Christi. ... Sie zu weiden, hat unser Erlöser nach seiner Auferstehung dem Petrus übertragen, ihm und den übrigen Aposteln hat er ihre Ausbreitung und Leitung anvertraut, für immer hat er sie als 'die Säule und das Fundament der Wahrheit' errichtet. Diese Kirche ... ist verwirklicht in der Katholischen Kirche, die vom Nachfolger Petri und von den Bischöfen in Gemeinschaft mit ihm geleitet wird."

Als ungelehrte Konvertitin kann ich mich nicht auf die theologische Diskussion einlassen. Aber ich kann sagen, warum es unter den christlichen Kirchen die katholische ist, in der ich eine Antwort auf meine tiefe Sehnsucht nach einem offenen Weg zu Gott gefunden habe.

Seit mir Gott 1973 zwei Gnadenerlebnisse schenkte und ich – damals noch mit politischer Weltverbesserung beschäftigt – an diesem Köder angebissen habe, bin ich eine Gottsucherin. Das Heilige habe ich immer geliebt. Diese Liebe hat mich schließlich zum Allerheiligsten in der Katholischen Kirche geführt: dem Sakrament der Eucharistie. Die *Erfahrung* der tiefen Entspannung in der allerzartesten Liebe Jesu Christi in der Kommunion, die *Erfahrung* durch die Kommunion mit Jesus immer wieder neu ins Lot zu kommen, die *Erfahrung* der machtlosen Macht Jesu bei der Anbetung seiner verborgenen Gottheit in der Gestalt des Brotes wird mir in dieser Katholischen Kirche geschenkt. Durch die Gegenwart Jesu im Tabernakel und die Gegenwart Marias überall dort, wo Jesus ist, sind Katholische Kirchen warm und ein Ort der Zuflucht.

Hingeführt wurde ich durch Maria, die Mutter Jesu, die in einer unnachahmlichen Einfühlsamkeit meine Suche, mein Scheitern und meine Fähigkeiten benutzt hat, um mir die Tür zu dem unerschöpflichen Schatzhaus ihrer Kirche zu öffnen. Als ich den undurchsichtigen Vorhang aus Vorurteilen und Ignoranz beiseite geschoben hatte, rieb ich mir staunend die Augen über den geistlichen Reichtum, der in zweitausend Jahren in der Kirche aufgehäuft worden ist: die Sakramente, die Heiligen, die Kirchenlehrer, Kirchen, Klöster, Kunst, Musik, lebendige spirituelle Bewegungen, Wallfahrtsorte, dienende Priester, leuchtende Vorbilder, glaubensfrohe Christen.

Maria ist die Mutter dieser Kirche; sie ist die schönste, die reinste, die einzig sündenlose, die gütigste Frau, die auf dieser

Erde je geboren wurde. Wahrheit und Liebe sind in ihr untrennbar eins. Sie – eine von uns – wurde in den Himmel erhoben und gekrönt; sie bittet für uns, sie hilft uns, ja, sie erscheint sogar einzelnen Menschen in Raum und Zeit, um uns zurückzurufen zu Gott. Jesus hat sich ihr ausgeliefert. So folge ich ihm nach, wenn ich mich ihr anvertraue. Es bewährt sich. Ich will ihren Platz nicht schmälern.

Dass die Katholische Kirche über 2000 Jahre an dem Felsen Petri festgehalten hat und festhält, weil sie daran glaubt, dass Jesus Christus selbst sie darauf gegründet hat, ist Stein des Anstoßes für alle anderen christlichen Kirchen, die den Papst nicht anerkennen. Auch für mich, deren Geist durch die antiautoritären Parolen der autoritär strukturierten Studentenrebellion eine Zeit lang geblendet war, war der Papst ein Stein des Anstoßes. Meine Haltung begann sich zu wandeln, als ich dem Menschen Karol Wojtyla auf dem Fernsehschirm ins Gesicht schaute und merkte, dass er warmherzig ist, dass er glaubt, was er sagt, dass er echt ist, dass es ihm um die Wahrheit und nicht um Macht geht.

Ich begann meine peinlich ignorante Ablehnung in Frage zu stellen und zu lesen, was der Papst sagt, etwa das apostolische Schreiben *Über die Würde und Berufung der Frau* von 1988 oder die Enzyklika *Fides et Ratio* von 1998. Welch leuchtende Geisteshöhe! Wie wunderbar, dass es eine Stimme auf der Welt gibt, die heraustritt aus der Welt der Lüge, die wir gar nicht mehr bemerken, weil sie allgegenwärtig ist in Politik, Medien und Werbung.

Wir mögen mit dem, was der Papst lehrt, nicht einverstanden sein, aber er redet den Mächtigen nicht nach dem Mund, er redet dem Volk nicht nach dem Mund, er belügt uns nicht. Er sagt die Wahrheit.

Das ist sein offenes Geheimnis. Deswegen kommen über zwei Millionen Jugendliche nach Rom zu einem alten, gebrechlichen Papst, der ihnen zuruft, was sonst der Jugend keiner zutraut: „Habt keine Angst, die Heiligen des dritten Jahrtausends zu werden!"

Zwar gab es Päpste, die in ihrer Lebensführung die christlichen Prinzipien verraten haben. Aber die Kirche hat nie ein Dogma zurücknehmen müssen, nie musste sie ihr Lehrgebäude wieder einreißen. Das ist ein Wunder des Heiligen Geistes. Der menschliche Geist geht in die Irre, wird mitgerissen von den Verblendungen der jeweiligen Zeit.

Dass sich dieses Wunder der Bewahrung der Wahrheit immer weiter ereignen kann, dazu muss es im Kirchenvolk die Bereitschaft geben, die eigene abweichende Meinung mit einem Fragezeichen zu versehen, in der Schwebe zu halten, aufrichtig den Heiligen Geist um sein Licht zu bitten und dem Lehramt zu vertrauen. Warum rechnen wir nicht eher mit der eigenen Verblendung als mit der des Heiligen Vaters, für den die gesamte Kirche täglich betet? Das erfordert unzeitgemäße Tugenden wie Demut und vielleicht sogar Gehorsam, Tugenden, die in Maria vollendet sind und zu denen sie uns aufruft. Gibt es gerade deswegen eine so starke Strömung innerhalb der Kirche, Maria klein zu machen, sie zu einer „normalen Frau" zu erklären?

Der Prozess der Bekehrung ist immer auch ein Prozess der Entblendung. Von Guardini stammt ein Satz, der unsere menschliche Tragik klar beschreibt: „Nach der Logik des Bösen setzt sich die Sünde in Verblendung um, diese wird wieder zur Sünde und die neue Sünde verblendet noch mehr."

Man kann diesen Satz auch positiv formulieren; dann heißt er: „Nach der Logik des Guten setzt sich Tugend in Erkenntnis um, diese wird wieder zur Tugend und die neue Tugend erweitert die Erkenntnis noch mehr." Dass uns die Begriffe „Sünde" und „Tugend" überholt vorkommen, ist ein Werk des großen Verwirrers.

Ein Beispiel: Als die Enzyklika *Humanae Vitae* 1968 erschien, war der Papst ein einsamer Rufer in der Wüste. Selbst innerhalb des Klerus gab es nur wenige, die ihm in der Verurteilung der Pille folgten. Niemand konnte damals ahnen, welche verheerenden Folgen es hat, wenn die Sexualität durch einen medizinischen Kunstgriff aus dem Schöpfungszusammenhang gelöst wird. Scheinbar befreit für die Liebe, wird sie verfügbar für die Lust, für die schrankenlose Begierde, die umschlägt in Pornographie und Kriminalität.

300 000 Kinder werden jährlich in Deutschland abgetrieben und ebenso viele Kinder sexuell missbraucht. Auf die Seiten im Internet, auf denen das öffentlich geschieht, wurde in diesem Jahr 500 000 mal geklickt.

An diesen drei Ecksteinen – an der Eucharistie, an Maria und dem Papst als Spitze der apostolischen Sukzession und des geweihten Priestertums – stoßen sich die nicht katholischen christlichen Kirchen auf der Suche nach Einheit. Diese Ecksteine können und dürfen aber von der Katholischen Kirche nicht aus dem Weg geräumt werden.

Groß ist das Bedauern über die Zerstörung der Atmosphäre bei den Bemühungen um Ökumene. Aber kann eine gute Atmosphäre Einheit schaffen, wenn die wesentlichen Unterschiede ausgeklammert werden?

Ökumene kann nicht heißen, dass man den kleinsten gemeinsamen Nenner sucht, sondern dass der Heilige Geist die Wahrheit in den Herzen und Köpfen neu aufleuchten lässt und zum Opfer der begrenzten eigenen Sicht befähigt.

Kommen wir zur vierten Gruppe, den Katholiken. Alle Haltungen, die bisher beschrieben wurden, finden sich auch innerhalb der Katholischen Kirche, bei Theologen, Priestern und gewöhnlichem Kirchenvolk. Für sie vor allem ist *Dominus Jesus* geschrieben. Die obersten Hüter unseres Glaubens hielten es für nötig, Priester und Laien daran zu erinnern, was zur unumstößlichen Essenz des katholischen Glaubens gehört. Und *ist* es nicht nötig, wenn Katholiken nicht mehr wissen, ob Jesus Christus wirklich der Herr ist, der allen Menschen das Heil bringt? Wenn sie sich ins Boxhorn jagen lassen von dem Vorwurf, sie seien intolerante Feinde des Friedens, weil sie glauben, was Jesus Christus selbst von sich sagt?

Liest man die Evangelien, so sieht man, dass Jesus, der mit seiner Menschwerdung auf die flehentliche Sehnsucht der Menschen nach dem Messias antwortet, ein ganz großes Problem mit den Menschen hatte und hat. Wie kann er uns zu der Erkenntnis, zu dem Glauben bringen, dass er wirklich der ersehnte Messias, der Menschensohn, der Gottessohn, das fleischgewordene Wort ist, der sich freiwillig den Begrenzungen von Zeit und Raum unterwirft, der also nur zu einem Zeitpunkt und an einem Ort und durch eine Mutter Mensch werden konnte? Der sanfte, demütige, werbende Kampf Jesu um unseren Glauben und sein Schmerz über unseren Unglauben ist der rote Faden durch das Johannes-Evangelium. Jesus weiß ja, dass es eine unerhörte Zumutung ist, dass die Menschen in ihm Gott erkennen sollen, für seine Zeitgenossen noch mehr als für uns Heutige.

Diese Erkenntnis zuzulassen, zwingt uns auf die Knie. Sie ist eine Kriegserklärung an das Ego. Statt das Ego zu kreuzigen, wird Jesus gekreuzigt. Es ist ein Kampf auf Leben und Tod. Niemals hat Jesus in diesem Kampf seine göttliche Macht für sich selbst eingesetzt, um uns die Erkenntnis seiner Gottheit aufzuzwingen. Er hat der Versuchung des Satans widerstanden, vom Turm herabzuspringen, er hat den Engeln nicht befohlen, ihn zu retten, er hat sich freiwillig dem Leiden unterworfen. Er hat am Kreuz den innersten Kern der Liebe offenbart: die absolute Ohnmacht.

Jesus musste sterben, weil er seinen Anspruch, Gottes Sohn zu sein, selbst im Angesicht des Todes nicht hat fallen lassen. Wie haben sich die Menschen verhalten, die mit diesem nie zuvor und nie danach erhobenen Anspruch konfrontiert waren? Wie hätten wir uns verhalten?

„Da wandte sich der Hohepriester nochmals an ihn und fragte: Bist du der Messias, der Sohn des Hochgelobten? Jesus sagte: Ich bin es. Und ihr werdet den Menschensohn zur Rechten der Macht sitzen und mit den Wolken des Himmels kommen sehen. Da zerriss der Hohepriester sein Gewand und rief: Wozu brauchen wir noch Zeugen? Ihr habt die Gotteslästerung gehört. Was ist eure Meinung? Und sie fällten einstimmig das Urteil: Er ist schuldig und muss sterben." (Mk 14, 61-64)

Sie selbst, die jüdischen Hohenpriester, dürfen das Todesurteil nicht ausführen. Sie müssen zum Statthalter gehen, dem obersten Richter Pontius Pilatus, und bringen ihn in eine schlimme Zwangslage. An ihn erinnern wir uns bei jedem Glaubensbekenntnis: „gelitten unter Pontius Pilatus", obwohl Jesus zu ihm sagt: „Du hättest keine Macht über mich, wenn es dir nicht von oben gegeben wäre, darum liegt größere Schuld bei dem, der mich dir ausgeliefert hat", nämlich beim Hohen Rat. (Joh 19, 11)

Pilatus ist tolerant. Sollen die Juden doch glauben, was sie wollen. Da ihm Fragen der absoluten Wahrheit gleichgültig sind und er deswegen durch den Anspruch Jesu nicht persönlich provoziert wird, erkennt er die Unschuld Jesu. Auf seine Frage: „Also bist du doch ein König?" (Joh 18, 37) antwortet Jesus: „Du sagst es, ich bin ein König. Ich bin dazu geboren und dazu in die Welt gekommen, dass ich für die Wahrheit Zeugnis ablege. Jeder, der aus der Wahrheit ist, hört auf meine Stimme."

„Was ist Wahrheit?" fragt Pilatus, aber er will keine Antwort. Er geht wieder hinaus zu den Juden, möchte einen Deal mit ihnen machen, den Verbrecher Barabbas werden sie doch nicht wollen.

Aber mit einer – von den Hohen Priestern und den Ältesten (Mt 27, 20) – aufgehetzten Masse, kann man keinen Deal machen. Sie weiß, wessen Blut sie will.

Pilatus laviert weiter; ein wenig Blut reicht ihnen vielleicht. Zwar findet er keine Schuld an Jesus, aber er kann ihn ja mal geißeln lassen. Die johlende Masse lässt sich nicht abspeisen. „Ans Kreuz mit ihm! Ans Kreuz mit ihm!“

Pilatus wagt es nicht, sich der Masse zu widersetzen. Er will sich nur noch der Zwangslage entwinden, offensichtliche eigene Schuld vermeiden. Er glaubt, er könne es, wenn er nicht selbst das Todesurteil spricht, sondern sagt: „Nehmt *ihr* ihn und kreuzigt ihn! Denn ich finde keinen Grund, ihn zu verurteilen. Die Juden entgegneten ihm: „Wir haben ein Gesetz, und nach diesem Gesetz muss er sterben, weil er sich als Sohn Gottes ausgegeben hat. Als Pilatus das hörte, wurde er noch ängstlicher.“ (Joh 19, 6-8)

Wahrhaftig eine schwere Situation für einen, der sich nicht an der Wahrheit festgemacht hat. Hier die drohende, pressende Masse, dort jemand, der vielleicht doch eine undefinierbare höhere Macht besitzt. Dann sagt ihm noch die eigene Frau: „Lass die Hände von diesem Mann, er ist unschuldig. Ich hatte seinetwegen heute nacht einen schrecklichen Traum.“ (Mt 27, 19)

Noch ein letztes Mal versucht Pilatus seinen Kopf aus der Schlinge zu ziehen, erhofft sich von den Juden die Erlaubnis, Jesus frei zu lassen, denn er hat zwar die äußere Macht dazu, aber nicht die innere Stärke. Im Innern ist er haltlos, ohne Bindung. Er handelt gegen die Stimme des Gewissens.

Aber die Juden kennen die Psychologie eines Machtmenschen, der seine Macht einem Mächtigeren verdankt, lange genug haben sie unter den Besatzern gelitten. Raffiniert spielen sie ihren letzten Triumph aus. Und der sticht: „Wenn du ihn freilässt, bist du kein Freund des Kaisers. Jeder, der sich als König ausgibt, lehnt sich gegen den Kaiser auf." Nicht dass Pilatus und Herodes Freunde gewesen wären. „Aber an diesem Tag wurden Herodes und Pilatus Freunde; vorher waren sie Feinde gewesen." (Lk 23, 12) Sie werden Freunde, weil es um den Erhalt der Macht geht.

Pilatus sieht sich von drei Seiten bedroht, von unten, von der johlenden Masse, von oben, denn der Kaiser könnte ihn fallen lassen, und aus dem Unsichtbaren. Er spürt ja, dass Jesus anders ist als alle, die er sonst je zu richten hatte. Dieses Gespür schlägt sich bei ihm nur als noch größere Angst nieder. Mitleid mit einem Unschuldigen kennt er nicht, schon gar nicht mit einem, der nicht dem eigenen Bezugssystem der Macht angehört. Dreifach bedrängt setzt sich Pilatus schließlich auf den Richterstuhl, wäscht seine Hände im unschuldigen Blut und liefert Jesus den Seinen aus, „damit er gekreuzigt würde".

Gelitten unter Pilatus…

Das war damals. Wir, was hätten wir getan? Wenn wir zu den vielen gehört hätten, die Heil schreien, wenn die anderen Heil schreien, dann hätten wir am Donnerstag Hosianna und am Freitag „Kreuziget ihn!" geschrien. Nein, nein, Sie und ich, wir gehören nicht zu denen.

Wenn wir zu den Hohepriestern und Ältesten gehört hätten, denen es um die Wahrheit zu tun ist, dann hätten wir zwei Gründe gehabt, zu sagen: „Er ist schuldig und muss sterben" – einen guten und einen schlechten. Der schlechte wäre gewesen, durch den Tod Jesu die eigene Macht zu erhalten, der gute, dass wir es als unsere heiligste Aufgabe betrachtet hätten, die Wahrheit der Väter zu verteidigen und das Volk vor einem Wahnsinnigen zu bewahren, der behauptet, er sei Gottes Sohn – wie der eifrige Jude Saulus, bevor ihn Gott vom Pferd warf.

Derzeit, unter den Bedingungen des noch bestehenden Wohlstands und Friedens, ist dieser Typus in den Machtpositionen unserer säkularisierten Gesellschaft nicht zu finden. Mit Schrekken sehen wir ihn in islamischen Gottesstaaten an der Macht. Ihn zur Toleranz aufzurufen, ist, als wollte man mit der Gießkanne ein Feuer löschen. Er brennt für die Wahrheit, aber er hat noch nicht erkannt, dass die Wahrheit Liebe ist, und die Liebe sich, im Verzicht auf Macht, in der Ohnmacht verwirklicht.

Und wenn wir zu denen gehören, die Toleranz zu einer Weltanschauung erhoben haben, zum Typ des Pilatus?

Pilatus war ein toleranter, gebildeter Mann, der an Recht und Ordnung glaubte. Auf die Frage nach der Wahrheit wollte er keine Antwort. Dieser Typ ist vorherrschend in unserer Gesellschaft. Allein die Frage nach der Wahrheit ist für ihn schon Zumutung und Ärgernis; sie dem Intimbereich des Menschen zuzuweisen, erscheint als eine Tat im Dienste des Friedens und der Freiheit.

Wissen wir von uns, wieviel Pilatus in uns steckt? Was hätten wir getan angesichts eines Menschen, der sagt: „Ich bin Gottes Sohn. Ich bin der Weg, die Wahrheit und das Leben."?

Den ärgerlichen Anspruch hätten wir nur so lange tolerieren können, als er ohne Auswirkungen auf unser persönliches Leben bleibt. Wenn uns aber die Geschichte in Entscheidungssituationen nötigt, so wie Pilatus, dann wird uns Toleranz vor dem Schuldigwerden nicht bewahren. Wir haben keinen Grund, uns für den einzusetzen, der diesen Anspruch erhebt, denn wir wollen nicht, dass es eine absolute Wahrheit gibt. Wir wollen nicht, dass es Gott gibt. Gäbe es Gott, müssten wir auf die Knie. Also fort mit ihm, ans Kreuz, wenn es sein muss.

Ist Toleranz wirklich das Fundament des Friedens? Oder ist sie nicht vielmehr eine zeitgemäße Tarnung der Gleichgültigkeit gegenüber Gott?

Selbst wenn eine humane Regung des Mitleids mit dem Unschuldigen in uns aufkäme, würde diese unser Handeln in einer bedrohten Situation kaum bestimmen. Unverbunden mit der Kraft der Wahrheit können Toleranz und Humanität dem Bösen nicht standhalten. Unter der Maske von Heilslehren, die unter kommunistischen oder faschistischen Vorzeichen die Menschen glauben machten, irdisches Heil könne ohne Gott, ja im offenen Kampf gegen Gott verwirklicht werden, hat das Böse im Zwanzigsten Jahrhundert unter den Völkern gewütet.

Durch tausend kleine, alltägliche Entscheidungen, mit dem Bösen zu koexistieren, haben die Menschen dem Bösen den Weg bereitet und es erst dann in seinem ganzen Umfang erkannt, als der Mut von Märtyrern erforderlich war, sich ihm zu verweigern. Millionen von Christen sind lieber grausam gestorben, als ihren Glauben zu verraten. Sie wussten, dass kein noch so heiliger Zweck böse Mittel heiligen kann. Woher hatten sie die Kraft, etwas zu tun, das uns schaudern macht?

Wir wissen nicht, ob sich im Ernstfall der Pilatus oder der Märtyrer in uns durchsetzen würde. Seien wir dankbar, dass wir in Frieden und Freiheit leben dürfen, also unter Verhältnissen, unter denen wir nicht zur Entscheidung gezwungen werden. Aber können wir sicher sein, dass es so bleibt?

Noch eine Gruppe gab es – das waren die weinenden Frauen, mit ihnen Johannes. Sie glaubten, dass der Mensch, der an den Pfahl geschlagen wurde, Gottes Sohn war. Sie klagten niemanden an, sie warfen sich Jesus nicht in den Kreuzweg. Sie ertrugen glaubend und liebend und mitleidend den unsagbaren Schmerz der Ohnmacht. Das Wort Toleranz ist ein viel zu dürftiges Gefäß, um die Größe ihres Mitleidens zu fassen. „Dir selber aber wird ein Schwert durch die Seele dringen“ hatte Simeon Maria vorausgesagt. Wie Jesus selbst nahmen sie das Leiden an. Sie folgten ihm nach. Dass es zur Auferstehung führen würde, hatte er ihnen angekündigt, aber sie hatten es noch nicht erfahren. Es blieb ihnen nur zu glauben, zu hoffen und zu lieben.

Über der Nachfolge Christi steht das Kreuz, und gegen das Kreuz richtet sich in Wahrheit die Empörung. Wir leben in einer Zeit, in der das Fliehen vor dem Kreuz als Lebenssinn verkauft wird. Genuss, Bequemlichkeit, Vermeiden von Leid bis hin zum Ausmerzen der Leidenden ist die Triebkraft unserer Gesellschaft. Aber je mehr wir vor dem Kreuz fliehen, um so mehr holt es uns ein.

Ein Christ kann die Frage nicht offen lassen, ob der Anspruch Jesu, Gottes eingeborener Sohn zu sein, wahr ist oder nicht; noch weniger kann er sie verneinen und glauben, Jesus sei einer unter anderen. Tut er das, so stellt er sich – ohne es subjektiv zu wollen – objektiv auf die Seite derer, die Jesus Christus gekreuzigt haben. Alle Religionen sind Wege des Menschen zu Gott, aber nur Jesus Christus ist der Weg Gottes zu den Menschen. „Ich *bin* der Weg, die Wahrheit und das Leben."

Wenn wir die Gottheit Jesu nicht anerkennen, uns nicht zu *Ihm* bekennen als „Gottes Sohn, sitzend zur Rechten der Macht, den wir auf den Wolken des Himmels werden kommen sehen", wie kann uns dann seine erlösende Gnade zuteil werden? Und wenn wir die Gnade nicht erfahren, wie sollen wir uns dann bekennen? Ein *circulus vitiosus* von Christen, die mit der Zeit gehen.

Wird uns Christen entegegengehalten: „Ihr lebt nicht, was ihr glaubt", so ist das berechtigt, notwendig und heilsam. Wird uns aber vorgeworfen, dass wir mit unserem Glauben an die Einzigkeit Jesu Christi und seine eine Kirche intolerant sind und den Frieden stören, dass unser Glaube also böse ist, dann gilt es, den Wolf im Schafspelz zu demaskieren: Der Schafspelz sind „Toleranz" und „Frieden", und der Wolf sind die Kräfte unserer Zeit, die das Christentum zerstören wollen.

Zweitausend Jahre sind seit der Geburt Jesu vergangen. Die frohe Botschaft wurde hinausgetragen bis an die Enden der Welt. Immer wieder werden Menschen von Jesus Christus so tief ergriffen, dass sie zu einem Leuchtfeuer der Liebe werden und bereit sind, für die Liebe, die Jesus Christus ist und die er verkündet, zu sterben. Sie willigen ein in die menschliche Ohnmacht der Liebe, denn sie wird zum Einfallstor der Liebesmacht Gottes.

Möge uns Kleingläubigen das Licht und die Kraft geschenkt werden, um der Liebe willen unsere alltägliche Ohnmacht in Gebet zu verwandeln und tausend kleine Entscheidungen für die Wahrheit zu treffen, damit wir keine Märtyrer werden müssen, um uns selbst und Jesus Christus treu zu bleiben.

Über die Unverträglichkeit von Wahrheitsliebe und Menschenfurcht

Juni 2002

Wir leben in einer Zeit, in der das schützende Dach der religiösen Überwölbung der Gesellschaft eingebrochen ist. Zwar empfinden viele Menschen, dass die rein materielle Ausrichtung der Existenz dem Leben den Sinn raubt, und sie suchen nach Antworten, die ihnen helfen, zu leben und zu sterben. Aber sie suchen diese Antworten immer weniger in der Tradition, die unsere Kultur so tief geprägt hat, dass wir es gar nicht mehr empfinden: in der christlichen Religion, wie sie in ihrer ganzen Fülle in der Katholischen Kirche bewahrt wird.

Hat die frohe Botschaft des Evangeliums die Menschen einst von den Fesseln magischen Denkens und magischer Praktiken befreit, so erleben wir jetzt, dass sie nicht überwunden, sondern nur zurückgedrängt waren und sich dammbruchartig in die gesellschaftliche Wirklichkeit ergießen. Ein Beispiel ist Halloween, ein Geisterfest, das in wenigen Jahren zum festen Bestandteil jugendlichen Feierns an den Schulen geworden ist.

Dieser Dammbruch geschieht, obwohl über zwei Drittel der deutschen Bevölkerung nominelle Christen sind, davon ein Drittel Katholiken. Das Baumaterial des Dammes ist der Glaube von Christen, die aus ihrem Glauben leben. Dieses Material zerfällt.

Auch große Teile der Katholiken wissen heute nicht mehr, was wahr ist.

Die Katholiken sind in das modernistische und konservative Lager gespalten. Die Gespaltenheit jener, die durch das Wort Gottes zu Einheit und Frieden gerufen sind, bezeugt der Welt statt der Liebe die Sünde. Alle leiden wir unter den immer neuen und immer tieferen Zerstückelungen des Leibes Christi. Der Wolf reißt und jagt auseinander: die Kirche, Ordensgemeinschaften, Familien.

Die ritualisierte Feindseligkeit zwischen beiden Lagern hat Ähnlichkeit mit einer im Bösen geronnenen Ehebeziehung: immer der gleiche verbissene Kampf um die gleichen Themen.

An der Oberfläche scheint es um Wahrheit zu gehen. Ist die Jungfrauengeburt wahr? Ist die Erweckung des Lazarus wahr? Ist die Auferstehung wahr? Ist denn überhaupt die Bibel wahr? Hat die kirchliche Tradition die Wahrheit be-wahr-t? Hoch gelehrte Gründe werden angeführt für die eine und vor allem für die andere Sicht. Einfach glauben geht nicht mehr, denn an jedem Ambo wird etwas anderes verkündigt. Was ankommt, ist der Zweifel, und der Zweifel ist die Säure, die den Damm zersetzt.

Aber sind denn die Voraussetzungen gegeben, um Wahrheit erkennen zu können?

Die wichtigste Voraussetzung ist ein herrschaftsfreier Raum, in dem gefragt und gedacht und zu Ende gedacht werden darf, ganz gleich ob die Ergebnisse zeitgeistverträglich sind oder nicht; anders gesagt, ob sie mit den Herrschaftsstrukturen verträglich sind, deren Lakai der Zeitgeist ist. Dieser Raum ist immer gefährdet, denn solange wir nicht im Himmel sind, gibt es Herrschaft, der die Wahrheit Feind ist.

Der Anspruch der Katholischen Kirche, die ganze Wahrheit zu besitzen, schlägt dem Freiheitsverständnis unserer Zeit ins Gesicht. Jeder soll seit Friedrich II „nach seiner Fasson selig werden". „Toleranz, Toleranz, Toleranz!" schreit es aus allen Kehlen. „Keiner soll uns vorschreiben, was gut und böse ist. Das wissen wir selber." Nun ist aber Gott die absolute Wahrheit, das absolute Gute, die absolute Liebe. Aufgabe der Kirche ist es, die Wahrheit zu verkünden und den Weg offen zu halten, auf dem wir Gemeinschaft mit Gott finden können.

Bevor wir uns also über Wahrheit streiten, sollten wir uns Rechenschaft darüber geben, ob uns die Wahrheit etwas kosten darf. Es schien einige Jahrzehnte so, als wäre sie kostenlos zu haben. Die Zeiten sind vorbei.

Es ist ernüchternd, wenn man sich damit konfrontiert, in welchem Maß die eigene Erkenntnisfähigkeit durch das elementare Streben nach sozialer Akzeptanz konditioniert ist.

Als Kind übernehmen wir in der Regel die Einstellungen der Eltern. Glücklich das Kind, das so lange wie möglich von den Meinungen der Eltern verschont bleibt und das Leben direkt und unbeurteilt zur Kenntnis nehmen darf.

Sobald das Kind in die Schule kommt und mit unaufhaltsamer Wucht ab der Pubertät schiebt sich über die familiären Grundeinstellungen der Wertekanon der Gleichaltrigen. Für den Jugendlichen entstehen erste Konflikte zwischen dem familiären Werten und Normen und denen der Gleichaltrigen.

Die sozialen Zugehörigkeiten weiten sich. Man rutscht mehr oder weniger zufällig in dieses oder jenes soziale Umfeld, in dem es immer Übereinkünfte darüber gibt, was man glauben und tun soll, um dazuzugehören.

Wenn die Verankerung der Person in der eigenen Seele labil ist – und das ist sie immer, solange die Seele nicht in Gott verankert ist –, dann wird man das, was die Soziologen einen „außengeleiteten" Menschen nennen. Man übernimmt die Identität der Gruppe und hält sie für die eigene. Unterhalb der bewussten Wahrnehmung arbeitet ein Seismograph, der selektiert, was mit der existenziell wichtigen Bezugsgruppe unverträglich ist.

Dieser unbewusst wirksame Seismograph behindert, ja verhindert die Erkenntnis von Wahrheit.

Frau Noelle-Neumann, die demoskopische Pythia des deutschen Volkes, antwortet in einem Interview auf die Frage: „Warum hält Wolfsgeheul so warm?" folgendes: „Menschen haben Isolationsfurcht! Jeder weiß, wie schön es ist, auf der richtigen Seite zu sein. Etwas ganz anderes ist es dagegen, ausgegrenzt zu werden. Ausgrenzung ist eine fürchterliche Erfahrung des Menschen. Seine soziale Natur leidet so sehr darunter, dass er mit einer unglaublichen Wachsamkeit aufpasst: Wie denken andere Menschen? Und wenn er sieht, sie denken anders, dann wird er schweigen. Wenn er glaubt, dass er sich durch seine Ansichten isolieren wird, dann wird er schweigsam werden. ... Bis die einen unsichtbar geworden und die anderen ganz oben angesiedelt sind, wo sie ständig das Wort führen. ... Es gibt diesen Vorgang in jeder Gruppe. Er hat nichts mit Wahrheit, sondern mit Herrschaft zu tun." (FAZ Magazin, Nr. 764)

In der christlichen Terminologie heißt diese Angst Menschenfurcht. Sie beginnt mit Schweigen, dem ersten kleinen, unauffälligen Verrat des eigenen Gewissens, vielleicht auch eines anderen Menschen. An diesem Punkt, fast unmerklich, werden die Weichen gestellt. Nun setzt die Dynamik von Sünde und Verblendung ein, die Romano Guardini so formuliert: „Nach der Logik des Bösen setzt sich die Sünde in Verblendung um, diese wird wieder zur Sünde und die neue Sünde verblendet noch mehr."

Hitler war ein einzelner Mensch, dann eine kleine Gruppe, die sich von ihrer Umgebung durch die größere Bereitschaft zur Gewalt unterschied. Innerhalb von weniger als zwanzig Jahren schafft es dieses Grüppchen, im Volk der Dichter und Denker eine mörderische Diktatur zu errichten. Ist nicht millionenfaches Schweigen der Mutterboden, auf dem sie wachsen konnte? (Es sei zur Ehre der Katholiken daran erinnert, dass die Nazis bei der Reichtagswahl 1933 dort am schlechtesten abschnitten, wo der Anteil der Katholiken am höchsten war, und dass Tausende von katholischen Priestern in den Konzentrationslagern starben.)

Ich will nun der Dynamik von Menschenfurcht und Wahrheitstreue an einer Stelle nachgehen, die unsere Kirche betrifft, nämlich den Glaubensverlust derer, die den Glauben zu hüten und zu verkünden haben. Wir erleben, dass das katholische Glaubensgut innerhalb der Kirche immer mehr in Bedrängnis gerät. Von allen Seiten wird daran herum geknackt, es werden Stücke herausgebrochen und über Bord geworfen. Diejenigen, die dieses Glaubensgut unversehrt, in seiner Ganzheit, erhalten wollen, sind *innerhalb* der Kirche massiven Angriffen ausgesetzt, die bis hin zur existenziellen Bedrohung gehen, nämlich der Behinderung der Berufsausübung.

Das bekommen Priesteramtskandidaten, Theologiestudenten und Religionspädagogen zu spüren. Das Studium erweist sich an vielen Orten als eine jahrelange Anfechtung des Glaubens, als eine Glaubensprüfung, die viele nicht bestehen. Das ist nicht überall so, und es gibt an den meisten Hochschulen und in der Priesterausbildung Professoren und Lehrer, die dem Glauben mit Hilfe der Theologie dienen und dem Lehramt der Kirche treu sind. Aber es ist wohl unbestreitbar, dass es einen massiven Anpassungsdruck an den Zeitgeist gibt. Den Mechanismen dieser Anpassung soll hier nachgespürt werden.

Nehmen wir an, Hans spürt die Berufung zum Priester. Starker, brennender Glaube drängt ihn dazu, seine Kraft in den Dienst der Kirche zu stellen. Zu Beginn seines Studiums glaubt er, was das Zweite Vatikanum und der Weltkatechismus lehren:

- Jesus wurde von Maria jungfräulich geboren;
- Jesus hat die Wunder, die in der Bibel beschrieben sind, wirklich getan;
- Jesus ist wirklich von den Toten auferstanden und wirklich in den Himmel aufgefahren;
- Es gibt Satan;
- Es gibt die Hölle;

- Es gibt ein Gericht am jüngsten Tag;
- Jesus Christus ist in der Eucharistie real gegenwärtig;
- Der Papst ist Stellvertreter Christi und als solcher der oberste Hüter des Glaubens. Die Gläubigen sind ihm zu Treue verpflichtet.

Hans hat vor seinem Studium viel gebetet, regelmäßig gebeichtet und gerne still vor dem Tabernakel gekniet. Er fühlt sich in diesem Glauben und seiner Glaubenspraxis durch die Bibel, durch die Mystiker und Heiligen und durch das Lehramt der Kirche bestätigt.

Hans beginnt zu studieren und merkt schnell, dass all diese Glaubensinhalte und seine religiöse Praxis nicht „in" sind. Er kommt mit der Bereitschaft an die Hochschule, seinen Lehrern, die um vieles älter und klüger sind als er, zu glauben. Mit dem Gewicht ihrer erhöhten Position stellen sie theologische Sichtweisen als einzig akzeptabel dar, die vieles von dem, was Hans bisher geglaubt hat, systematisch in Frage stellen.

Das Klima unter den Studenten ist so, dass er Mut braucht, öffentlich für seine bisherigen Überzeugungen einzutreten. Seine Glaubenspraxis, insbesondere das Rosenkranzbeten und das Beichten, wird belächelt, und er beginnt sie zu verbergen. Hans macht seltener den Mund auf. Er muss Prüfungen ablegen. Um sie zu bestehen, muss er vieles lernen, was weiter an seinem Glauben nagt.

Hans kommt in einen unangenehmen Spannungszustand, der zu einer Lösung hindrängt. Entweder er bekennt sich zu dem, was er für wahr hält, und geht das Risiko der Ablehnung, der

Verspottung, der Ausgrenzung ein, oder er wird schweigsam. Er fürchtet, unmodern zu sein, nicht auf der Höhe der Zeit, nicht dort, wo die mit dem überlegenen Wissen sind, nicht dort, wo die Mehrheit ist. Hans fürchtet die Ausgrenzung. Er bangt um die Sympathie seiner Lehrer, die er für Prüfungen doch dringend braucht.

In der Anfangsphase tut Hans beides. Mal bekennt er sich, mal schweigt er. Er muss ja schließlich nicht immer den Mund aufmachen.

Hans ist so eingedeckt mit Lernstoff, dass er immer weniger zum Beten kommt. Er kann sich den Argumenten der Exegeten kaum mehr entziehen, die nachweisen, dass die Bibel eine Sammlung von frommen Geschichten ist. Er hat keine Zeit, sich mit Theologen zu befassen, die dieser Sichtweise widersprechen.

Hans beginnt, die Wahrheit in Frage zu stellen, an die er bisher geglaubt hat. Sein Glaube gerät ins Wanken. Der Intellekt füttert diese Zweifel mit Material. Auf sein Herz zu hören, hat er nicht die Muße und auch immer weniger den Mut.

Der Zustand des Zweifels ist qualvoll. Mit Wehmut denkt Hans an die Zeit zurück, in der er einfach glauben konnte. Welche Kraft, welche Eindeutigkeit, welche Freude hatte er da in sich. Er war eine Stütze für seine Freunde, konnte mit Begeisterung über die Erfahrung der Liebe Gottes sprechen. Das alles ist nun weg.

Hans geht es nicht gut. Er hat zwei Möglichkeiten:

1. Hans betet um Hilfe und Führung. Es trifft ihn ein Strahl der Selbsterkenntnis. Er erkennt, dass seine Glaubens- und Er-

kenntnisfähigkeit durch die Erfahrung sozialer Ausgrenzung gelähmt ist. Er erkennt, dass er ein soziales Umfeld und Erfahrung braucht, die ihn im Glauben stärken. Er sucht sich bewusst ein solches Umfeld, weil er sieht, dass er zu schwach ist, um allein dem sozialen Druck des Mainstreams standhalten zu können – eine Gebetsgruppe, eine geistliche Gemeinschaft. Er macht Exerzitien oder eine Wallfahrt, um wieder mit der Liebe Gottes in Berührung zu kommen. Er liest Bücher von Heiligen und von Theologen, die sich den Fragen der modernen Theologie gestellt und sich dennoch ihre Frömmigkeit und ihren Glauben bewahrt haben. Geistliche Begleitung und der regelmäßige Empfang des Bußsakramentes werden ihm existenziell notwendig.

2. Hans schwenkt auf den Mainstream seines sozialen Umfelds ein. Er will seine berufliche Laufbahn nicht gefährden. Schließlich scheinen die Argumente ja wirklich überzeugend. Das Evangelium muss doch für jede Zeit neu ausgelegt werden. Man kann sich nicht in einer Nische verkriechen; dann ist man wirkungslos. Das kann unmöglich Gottes Wille sein. Gott ist überall und Satan nirgends. Der Intellekt ist dabei von äußerster Hilfsbereitschaft. Er schafft es, Hans die Hauptmotivation seiner Meinungsänderung, nämlich die Menschenfurcht, zu verbergen und ihn mit seinen Argumenten zu verblenden. Hans beginnt für wahr zu halten, was er vor nicht allzu langer Zeit als schmerzhafte Anfechtung seines Glaubens erlebt hat.

Hans atmet auf. Zwar hat er an Strahlkraft eingebüßt, seine Glaubenspraxis – Gebet und Beichte und gläubige Öffnung für das Wort Gottes – haben an Kraft und Dringlichkeit verloren.

Frühere Freunde, mit denen er sich einst im Glauben freudig einig wusste, rücken an den Rand. Aber er wird geschätzt von seiner Umgebung. Er schwimmt mitten drin. Seine Berufsaussichten sind gut.

Was könnte aus dem einen und was aus dem anderen Hans werden?

Der bekennende Hans ist auf die Führung des Heiligen Geistes angewiesen. Er muss klug sein wie die Schlangen und sanft wie die Tauben. Er wird sehr genau beobachtet, und die Aussichten auf einflussreiche Positionen sind gering. Wenn er durchhält, wird er stark und zu einem Pflock, an dem andere ihr schwankendes Glaubensschiffchen anbinden können. Er wächst in der Hingabe und Hellhörigkeit auf die Führung Gottes. Ohne intensive Gebetspraxis könnte er den Weg nicht gehen. Er weiß nicht, was die Zukunft bringt, aber er weiß, dass er im Willen Gottes steht.

Der sozialverträgliche Hans wird klug und klüger. Man legt ihm nahe zu promovieren. Er tut es, und es eröffnen sich die schönsten Berufsaussichten. Vielleicht wird er Theologieprofessor, der mit der Autorität seines Amtes junge gläubige Studenten lehrt, wie der Glaube mit dem Zeitgeist in Übereinstimmung gebracht werden kann. Zum Beispiel:

- Die Jungfrauengeburt Mariens ist ein frommes Märchen, das für den Glauben nicht notwendig ist;
- Die Evangelien sind politische Schriften, die im Hinblick auf die Bedürfnisse der jeweiligen Gemeinde verfasst wurden;
- Die Wunder Jesu sind Bilder, die psychologische Sachverhalte

ausdrücken, keine Tatsachenberichte. Auch die Auferstehung ist ein Bild für das ewige Stirb und Werde des Menschen;

- Der Teufel ist tot;
- Alle, alle kommen in den Himmel;
- Die Eucharistie ist ein Symbol, die Feier der Eucharistie ist Mahlgemeinschaft, nicht Vergegenwärtigung des Opfers Christi;
- Sich gegen die Lehre des Papstes zu stellen, ist ein Zeichen mündiger Freiheit.

Hans stößt, wenn er schließlich Pfarrer ist, ins Horn des zeitkonformen Glaubens. Er gewinnt Ansehen, knüpft Beziehungen zu den Mächtigen in Staat und Gesellschaft, vor allem zu den Medien. Zum Beten hat er kaum mehr Zeit. Dass da einmal, ganz am Anfang, ein Verrat war von dem, was ihm am Kostbarsten war, das hat er vollständig vergessen. Er neigt dazu, alles vehement zu bekämpfen und auszugrenzen, was ihn an diesen verdrängten Verrat erinnern könnte.

Obwohl er mit der Zeit geht und den Katholischen Glauben von seiner Anstößigkeit nach Kräften befreit hat, wird seine Kirche nicht voller.

Beide, der bekennende und der zeitkonforme Hans könnten auch eine andere Entscheidung treffen, nämlich, wie Tausende vor ihnen, das Priestertum an den Nagel hängen. Der eine, weil er entmutigt ist, der andere, weil er nicht mehr glauben kann.

Bislang forderten die Verhältnisse dem Taufschein-Christen keine existenziellen Risiken ab. Aber was, wenn sich die politischen

Verhältnisse so ändern, dass das Mitschwimmen im Mainstream verlangt, dass man das Christsein verleugnen muss, wenn also das Bekenntnis zu Jesus Christus wirklich gefährlich wird? Das war es unter Hitler und das war es unter den deutschen Kommunisten und das ist es in vielen Ländern dieser Erde. Auch hierzulande beginnt der Wind den Christen schärfer ins Gesicht zu blasen.

Es gibt ein einziges Heilmittel gegen Menschenfurcht und das ist die Gottesfurcht. Die Bibel weist uns immer wieder darauf hin, welcher Segen über das Menschenleben kommt, das gottesfürchtig gelebt wird.

„Gottesfurcht bringt langes Leben." (Spr 10, 27)

„Der Gottesfürchtige hat feste Zuversicht, noch seine Söhne haben eine Zuflucht." (Spr 13, 26)

„Die Gottesfurcht ist ein Lebensquell, um den Schlingen des Todes zu entgehen." (Spr 13, 27)

„Ich schließe mit ihnen einen ewigen Bund, dass ich mich nicht von ihnen abwenden will. Ich lege ihnen die Furcht vor mir ins Herz, damit sie nicht von mir weichen." (Jer 32, 40)

„Wer aber Gott fürchtet und seinen Willen tut, den erhört er." (Joh 9, 31)

Gottesfurcht gilt heute als katholische Altlast, die es zu entsorgen gilt, so als hinderte sie uns daran, Gott zu lieben und seine Liebe zu erfahren.

Die deutsche Sprache schenkt uns die Worte, die uns erlauben, die notwendige Unterscheidung zu treffen. Angst und Furcht. Angst macht eng, lähmt, schneidet uns von unseren eigenen guten Kräften ab und von den Kräften des Himmels. Gottesfurcht, hingegen, stellt unsere Existenz in die vertikale Beziehung zu Gott. Sie ist der gefühlsmäßige Niederschlag des Glaubens an Gott, den Schöpfer des Himmels und der Erde und unser eigener Schöpfer. Wir erkennen, dass es eine göttliche Ordnung gibt, die einzuhalten wir bestrebt sein müssen, damit unser Leben gelingt. Gottesfurcht beugt uns nicht, sie stellt uns an den richtigen Platz in der göttlichen Ordnung. Diejenigen, die sich weigern, diesen vorgegebenen Platz einzunehmen, sind jene, „die im Herzen voll Hochmut sind“. Maria, die Magd des Herrn, singt in ihrem Magnifikat: „Er erbarmt sich von Geschlecht zu Geschlecht über alle, die ihn fürchten. Er zerstreut, die im Herzen voll Hochmut sind.“ (Lk 1, 50-51)

Gottesfurcht stellt unsere Füße auf den Weg, der in die Erfahrung der Liebe Gottes führt und in die wirkliche Freiheit des Menschen, die darin besteht, den Willen Gottes zu tun.

Warum wird heute nicht mehr von der Notwendigkeit der Gottesfurcht gepredigt, so als würden wir aufgefordert vor einem Tyrannen am Boden zu kriechen?

Es scheint, als wäre die Gottesfurcht ein Ausdruck von Sklaverei, während die Gottesfurcht uns doch gerade aus der Sklaverei der Menschenfurcht und aus der Sklaverei der Sünde befreit. Wir sündigen ja nicht aus königlicher Willensfreiheit, sondern weil wir schwach sind und den bequemen Weg gehen.

Stattdessen ist nur noch von der Liebe und Barmherzigkeit Gottes die Rede, so als gäbe es kein Gericht, als erwarte uns alle Licht und Liebe, ganz gleich, wie wir gelebt haben.

Könnte es vielleicht eine ungeheuer raffinierte List des Bösen sein, uns weismachen zu wollen, dass es keinen Grund zur Gottesfurcht gibt, dass wir also frisch fröhlich drauflos sündigen dürfen, weil das Tor zum Himmel für jedermann weit offen steht? Könnte es sein, dass diejenigen, die dieses Credo der Esoterik verkünden, uns Zucker in die Augen streuen, der uns blind macht für die einzigartige und einmalige Herausforderung dieses Lebens: ewiges Leben oder ewige Verdammnis?

Jesus verheißt uns das ewige Leben. Er verkündigt uns durch sein Wort und sein Leben, dass Gott uns liebt, dass er uns eine Wohnung im Himmel bereitet, dass er uns zu Erben eingesetzt hat. Immer wieder fordert er uns auf, die Angst loszulassen: „Fürchte dich nicht, du kleine Herde! Denn euer Vater hat beschlossen, euch das Reich zu geben." (Lk 12, 32)

Allerdings ist vom *engen Tor* und vom *schmalen Weg* die Rede. In der Bergpredigt sagt Jesus: „Geht durch das enge Tor! Denn das Tor ist weit, das ins Verderben führt, und der Weg dahin ist breit, und viele gehen auf ihm. Aber das Tor, das zum Leben führt, ist eng, und der Weg dahin ist schmal, und nur wenige finden ihn." (Mt 7, 13-14)

Ein Großteil der heutigen Kirchenbauer versuchen das Tor weit und den schmalen Weg breit zu machen. Aber es führen nun mal keine Autobahnen in den Himmel.

Wie können wir für die Wahrheit, an die wir glauben, so Zeugnis ablegen und sie so verkünden, dass wir in der Kirche und in der Welt die Einheit und den Frieden mehren anstatt die Zwietracht?

Die Antwort auf diese Frage wäre ein zweiter Artikel, der die Überschrift tragen müsste: „Über die Unverträglichkeit von Wahrheitsliebe und Gewalt“. Gewalt ist dabei denkbar weit gefasst: jeder Übergriff auf die geistige oder gar physische Freiheit eines anderen Menschen, und sei es nur in der Form von Manipulation. Es ist die Erfahrung der Liebe des lebendigen Gottes, die zu vermitteln die Aufgabe des Zeugen, Verkünders und Missionars ist. Geschieht dies mit irgendwelchen Mitteln des Zwangs, so wird das, was es zu verkünden gilt, verdunkelt und unglaubwürdig.

Gerechtfertigt wird solches Tun mit dem Satz: „Der Zweck heiligt die Mittel“. Die meisten Menschen, die Macht ausüben, im Kleinen oder Großen, tun es in der Absicht, dem Guten zum Durchbruch zu verhelfen. (Und diejenigen, die bewusst dem Bösen in die Hände arbeiten, versuchen den Anschein zu erwecken, als wollten sie das Gute.) Wenn wir uns dieser Versuchung überlassen, sind wir nicht mehr in der Nachfolge Christi, sondern objektiv Handlanger des Bösen.

Es darf uns eben nicht egal sein, *wie* etwas geschieht. Am Wie hängt alles. Der heilige Zweck kann nur mit heiligen Mitteln erreicht werden, selbst um den Preis, dass wir das Ziel fahren lassen müssen.

Der unerhörte Anspruch Jesu, der wahre und einzige Sohn Gottes zu sein, hat die Menschen seiner Zeit so sehr empört, dass sie ihn ans Kreuz schlugen. Die Unausweichlichkeit des Anspruches gründet in seinem freien Entschluss, den Kreuzestod auf sich zu nehmen für unser Heil. Er hat Blut geschwitzt, bevor er es tat. Niemals hat er Gewalt angewendet, um seine Lehre durchzusetzen, niemals hat er seine göttliche Macht benutzt, um das Gute auf Kosten der Freiheit des Menschen durchzusetzen.

Das Ergebnis war der vollkommene Misserfolg, die Erfahrung extremster Ungerechtigkeit, das totale Scheitern. Doch auf das Scheitern folgte die Auferstehung. Die Frucht des Scheiterns des eingeborenen Sohnes Gottes war ein beispielloser Siegeszug der christlichen Religion. Immer wieder sind die Nachfolger Jesu, die Märtyrer und Heiligen, scheinbar gescheitert in der Welt und sogar in ihrer Kirche, dem Leib Christi, und immer wieder gibt es neue Nachfolger Christi, die die Kirche und die Welt aus dem Heiligen Geist erneuern. Offenbar wirkt hier ein anderes Gesetz.

In der Welt folgt auf den Sieg der sichere Untergang. Weltreiche steigen auf und zerfallen. Wir selbst erleben den globalen Sieg des Kapitalismus, können aber die Zeichen nicht übersehen, dass wir eine sterbende, eine aussterbende Zivilisation sind. Im Reiche Jesu Christi wird das Scheitern der Bekenner der Wahrheit bis hin zum unschuldig vergossenen Blut zur Substanz der Auferstehung.

Ja, Wahrheitsliebe und Gewalt sind wie Feuer und Wasser. Die Anwendung von Gewalt löscht das Feuer der Liebe und das Feuer der Gewalt zerstört den Fluss der Gnade. Das erfordert von uns Christen, im wachsenden Glauben die Erfahrung der Ohnmacht in Gebet zu verwandeln.

Paulus hat den Ephesern schon alles gesagt. Er möge das letzte Wort haben: „Wir sollen nicht mehr unmündige Kinder sein, ein Spiel der Wellen, hin und her getrieben von jedem Widerstreit der Meinungen, dem Betrug der Menschen ausgeliefert, der Verschlagenheit, die in die Irre führt. Wir wollen uns, von der Liebe geleitet, an die Wahrheit halten und in allem wachsen, bis wir ihn erreicht haben. Er, Christus, ist das Haupt." (Eph 4, 14-15)

Über die Unterscheidung der Geister

Januar 2002

Es liegt nicht im Trend, die Geister zu unterscheiden.

Gibt es überhaupt „Geister“?

Viele leben ausschließlich in der horizontalen Ebene, haben den Glauben der Wissenschaft, es gäbe nur das, was man messen kann, zu ihrem eigenen gemacht und streben nach der irdischen Erfüllung der irdischen Bedürfnisse. Wenn sie sich wundstoßen an der lebensfeindlichen Begrenzung der Wirklichkeit und nach Sinn und Lebenshilfe suchen, stoßen sie auf die Angebote der Esoterik, die allerorten feilgeboten werden: Wenn du dieses Buch liest über die geheimen Gesetze des Kosmos, jene Übung machst, zu diesem Workshop oder jenem Guru gehst, dann wirst du zum Meister deines Schicksals und erlangst Erfolg, Gesundheit, Reichtum, sexuelle Erfüllung, kurzum: Du wirst frei von jedem Leiden. Es ist eine materialistische Spiritualität, in der es darum geht, durch Kontrolle über unsichtbare Kräfte das irdische Glück zu mehren. Geht man in einen esoterischen Buchladen, so findet man Versatzstücke der Weltreligionen, von Magie und Okkultismus in bunt gemischter Fülle.

Die unsichtbare Welt gilt dem esoterischen Zeitgeist als eine Welt des Lichts und der Liebe, und alle Bemühungen sind darauf gerichtet, mit dem Licht und der Liebe, die den Kosmos aber auch den Kern jedes Menschen ausmachen, zu verschmelzen. Eine Notwendigkeit zur Unterscheidung der Geister ist somit nicht gegeben, denn wo alles Licht und Liebe ist, gibt es nichts zu unterscheiden.

Die Unterscheidung der Geister wird erst dann zur Notwendigkeit, wenn wir glauben, dass es eine Welt der Geister gibt, die auf den Menschen einwirkt, dass es gute und schlechte Einflüsse aus dieser unsichtbaren Welt gibt und dass dem Menschen die Freiheit geschenkt und zugemutet wird, sich zwischen Gut und Böse zu entscheiden.

Das hat die Kirche zweitausend Jahre lang beharrlich gelehrt, lehrt es immer noch, aber die Lehre wird nicht mehr in ihrer Integrität verkündet, nämlich: Es gibt Gott und Satan, es gibt Himmel und Hölle, es gibt das ewige Leben und die ewige Verdammnis, es wird für jeden Menschen ein Gericht geben, in dem der Mensch vor dem Angesicht des gerechten und barmherzigen Gottes steht und eine Entscheidung über sein ewiges Schicksal fällt.

Ewigkeit kann der Mensch nicht fassen, weder das ewige Licht noch das ewige Feuer, aber Jesus lässt keinen Zweifel daran, dass das Menschenleben auf diese letzte und endgültige Entscheidung ausgerichtet ist.

Theologen, die das Lehramt der Kirche nicht anerkennen, haben den Ernst der Entscheidungssituation des Menschen wegargumentiert. Für sie gibt es nur noch den liebenden Gott, auf dessen Barmherzigkeit wir gar nicht angewiesen sind, wenn das

Leben ein Freischein zu Licht und Liebe ist. Bloß, warum mühen wir uns dann überhaupt? Warum tragen wir dieses unaustilgbare Empfinden in uns, dass es eine Rolle spielt, ob wir – oder doch wenigstens unsere Kinder – sich für das Gute oder das Böse entscheiden?

Die negative Seite der polaren Begriffe sind Reizworte, die wir nicht mehr hören wollen, die dem modernen Menschen als bleierne Altlast der Katholischen Kirche gelten. Sie waren die großen Hindernisse auf meinem Bekehrungsprozess, der vor sechs Jahren begonnen hat, nachdem meine 25-jährige Suche auf den Wegen des Zeitgeistes zu nichts als Scheitern und Verzweiflung geführt hatte.

Am Anfang hatte ich Widerstand gegen den Begriff Sünde. Ich hätte gerne gebetet: „Heilige Maria Muttergottes, bitte für uns jetzt und in der Stunde unseres Todes." Es heißt aber: „Bitte für uns *Sünder*".

Ich führte heiße Diskussionen darüber, ob es Satan gibt. Mir schien, dass das Böse in dieser Welt aus dem Menschen selbst zu erklären sei – dass es eine Eigendynamik besitze, die von der ersten Lieblosigkeit bis nach Auschwitz führe.

Dann begann ich, mit dieser Sichtweise zu experimentieren: Nicht ich bin – durch Kindheitsverletzungen, versteht sich – böse, sondern da gibt es eine böse Kraft, die mich in Versuchung führt, die mich angreift. Ihr Angriffspunkt sind meine Schwächen, meine Verwundungen, insbesondere die unerkannten.

Ich las die Bibel und stellte fest: Jesus spricht immer wieder von Satan in unmissverständlichen Worten. Die ganze Bibel beschreibt den Kampf zwischen den Kräften der Finsternis und den Kräften des Lichts.

Dann das Zeugnis der Heiligen, die durch ihre Bereitschaft, mit Jesus Christus stellvertretend zu leiden, Seelen retten. Sie bekommen es sehr massiv mit Satan zu tun. Das bezeugen sie alle, sei es Hildegard von Bingen, der Pfarrer von Ars, Pater Pio, Marthe Robin... Das bezeugen auch die Menschen, die vom Himmel zu Propheten unserer Zeit ausgewählt wurden, die Seher von Marienerscheinungen, denen Höllenvisionen zuteil wurden.

Allmählich wurde mir klar, dass die geistigen Kräfte personale Gestalt haben. Wir glauben an einen persönlichen Gott, an Gott Vater, an den menschgewordenen Sohn Jesus Christus, an den Heiligen Geist als Person, an einen Himmel, der von Engeln bewohnt ist und von Heiligen, zu deren Königin eine menschliche Frau gekrönt wurde, nämlich Maria. Warum sollte dann das Böse nicht auch Person sein, eben der gefallene Engel Luzifer, der in seinem Stolz nicht ertragen kann, dass Gott den Menschen dient?

Diese personale Macht, so steht es in der Bibel, so lehrt es die Kirche, hat ein ewiges Reich errichtet: die Hölle. Jesus sagt, wir sollen lieber unsere Hand abhacken und unser Auge ausreißen, als dass wir mit zwei Händen und zwei Augen ins ewige Feuer geworfen werden. Bleibt da etwas an Klarheit zu wünschen übrig?

Für mich ist es bis heute schwer anzunehmen, dass es in diesem Universum für alle Ewigkeit einen Ort des Bösen geben soll und dass die Möglichkeit besteht, dass Menschen *ewig* leiden. Manche Theologen mildern diese Lehre, indem sie sagen, die

Hölle sei leer. Aber darf ich, weil mir dieser furchtbare Ernst *contre coeur* – gegen das Herz – geht, sie einfach ignorieren, wie es heute in der Verkündigung überwiegend geschieht?

Wenn die einzig wichtige Entscheidung in diesem Leben die zwischen Gut und Böse ist und wenn wir diese Entscheidung in jedem Augenblick unseres Lebens treffen müssen, im Großen und im Kleinen, dann stellt sich die Frage, wie wir fähig werden zur Unterscheidung der Geister. Das Böse gibt sich den Anschein des Guten, und das Gute erscheint den Menschen oft als das Böse, so sehr, dass sie den ganz und gar Guten gekreuzigt haben.

Wie werden wir fähig, zwischen Gut und Böse zu unterscheiden?

Romano Guardini sagt in seinem Buch „Der Herr": „Nach der Logik des Bösen setzt sich die Sünde in Verblendung um, diese wird wieder zur Sünde und die neue Sünde verblendet noch mehr."

Eine erschreckende Wahrheit! Jede Sünde zieht sofort die Verblendung nach sich. Wir sind also in dem Maß, in dem wir sündigen, auch verblendet, erkennen gar nicht mehr, dass wir sündigen. Bei anderen ist das leicht wahr zu nehmen und in der gesellschaftlichen Entwicklung auch. Das Wort Sünde ist verpönt, und doch sind wir im Begriff, in der Sünde zu ertrinken. Unsere demokratisch gewählten Parlamente schaffen ein Gesetz nach dem anderen, das die schwere Sünde für rechtens erklärt.

Der Zusammenhang zwischen Sünde und Erkenntnis ist weithin unbekannt. Wäre er bekannt, würde unser Bildungssystem völlig anders aussehen. Die sittliche Bildung der Persönlichkeit hätte dann einen zentralen Platz. Stattdessen werden den Schülern und Studenten wie Mastgänsen immer größere Mengen an intellektuellem Wissensstoff eingetrichtert, ohne dass die Fähigkeit zunähme, das wachsende Wissen und die wachsenden technischen Möglichkeiten zum Wohl des Menschen einzusetzen. Es gilt das Postulat der Wertfreiheit der Wissenschaft. Die Früchte zeigen, dass es keine Wertfreiheit gibt, die Wertfreiheit sich vielmehr als Blankoscheck an das Böse erweist, sich die Früchte der Erkenntnis anzueignen.

Aus dem Satz von Guardini kann man auch die Logik des Guten ableiten, nämlich: Tugend setzt sich in Erkenntnis um, diese wird wieder zur Tugend und die neue Tugend erweitert die Erkenntnis noch mehr.

Welche Untugend liegt an der Wurzel der Verblendung? Meine Antwort ist: Angst in zweierlei Form – Angst vor Selbsterkenntnis und Angst vor Isolation in der relevanten sozialen Bezugsgruppe. Auch hinter der Angst vor Selbsterkenntnis, das heißt der Wahrnehmung der dunklen Seiten, die nicht in das sozialverträgliche, geschönte Selbstbild passen, steckt die Angst, Liebe, Zuneigung, Akzeptanz der Mitmenschen zu verlieren und ausgegrenzt zu werden.

Unterhalb der bewussten Wahrnehmung, der Meinungsbildung und des Verhaltens arbeitet ein Seismograph, der bereits auf der Ebene der Wahrnehmung selektiert, was mit dem Selbstideal und der existenziell wichtigen Bezugsgruppe verträglich ist. Dieser unbewusst wirksame Seismograph behindert, ja verhindert die Erkenntnis von Wahrheit.

Frau Noelle-Neumann, die demoskopische Pythia des deutschen Volkes, antwortet in einem Interview auf die Frage: „Warum hält Wolfsgeheul so warm?“ folgendes: „Menschen haben Isolationsfurcht! Jeder weiß, wie schön es ist, auf der richtigen Seite zu sein. Etwas ganz anderes ist es dagegen, ausgegrenzt zu werden. Ausgrenzung ist eine fürchterliche Erfahrung des Menschen. Seine soziale Natur leidet so sehr darunter, dass er mit einer unglaublichen Wachsamkeit aufpasst: Wie denken andere Menschen? Wenn er glaubt, dass er sich durch seine Ansichten isolieren wird, dann wird er schweigsam werden ... bis die einen unsichtbar geworden und die anderen ganz oben angesiedelt sind, wo sie ständig das Wort führen. ... Es gibt diesen Vorgang in jeder Gruppe. Er hat nichts mit Wahrheit, sondern mit Herrschaft zu tun.“ (FAZ Magazin, Nr. 764)

In der christlichen Terminologie heißt diese Angst Menschenfurcht. Sie beginnt mit Schweigen, dem ersten kleinen, unauffälligen Verrat des eigenen Gewissens. An diesem Punkt, fast unmerklich, werden die Weichen gestellt. Dann setzt die von Guardini bezeichnete Dynamik von Sünde und Verblendung ein. Deswegen sagen die Heiligen: „Keine Heiligkeit ohne Selbsterkenntnis.“

Das Sakrament der Selbsterkenntnis ist die Beichte. Das Lösegeld ist schon bezahlt, die unerschöpfliche Barmherzigkeit Gottes uns zugesichert, aber es gibt eine Bedingung, dass wir des Lösegelds teilhaftig werden: Wir müssen uns bewusst machen, welche Schulden wir angehäuft haben. Wie könnten wir sonst geläutert werden?

Ohne Selbsterkenntnis können wir nicht fortschreiten auf dem religiösen Weg. Wo die Selbsterkenntnis fehlt, wird man entweder ein lauer Mitläufer, ein Scheinheiliger oder ein Fanatiker.

Immer befinden wir uns also in einer Bewegung nach oben oder nach unten, hin zu Gott oder von Gott weg. Durch die Sakramente der Kirche wird uns die Gnade geschenkt, um den schmalen Weg gehen zu können, auf dass die Verheißung der Bergpredigt sich erfülle: Die reinen Herzens werden Gott schauen.

Ansprache Marias zum Beginn des Jahrtausends an die Menschen

Eine Fiktion von Gabriele Kuby*

Meine lieben Kinder!

Vor zweitausend Jahren habe ich Jesus Christus in Bethlehem geboren. Habt ihr an Weihnachten innegehalten und in das Gesicht des Säuglings auf meinem Schoß geschaut? Ihr kennt das Lächeln eines Säuglings – habt ihr das Lächeln meines göttlichen Sohnes in Euer Herz dringen lassen, habt ihr gesehen, wie er seine kleine Hand erhoben und euch gesegnet hat? Was ihr in der Krippe anschaut, ist die reine Liebe, nichts als Liebe zu jedem von euch – zu dir. Knie nieder vor der Krippe, mein Kind, und laß dich lieben, so, genau so, wie du jetzt bist...

Heute, am ersten Tag des Jahres, feiert die Kirche im Himmel und auf Erden, daß ich es bin, durch die Gott Mensch geworden ist, ich, Maria, die Mutter Gottes. Ihr nennt mich „Muttergottes", aber könnt ihr noch staunen darüber, daß Gott, der Schöpfer und Herr dieses unermeßlichen Universums, ein blutjunges Mädchen in einem Dorf in Galiläa auserwählt hat, um durch sie als Säugling in diese Welt zu kommen?

* Gesendet über Radio Vatikan am 1. Januar 2001 als Abschluss einer Sendereihe mit fiktiven Ansprachen bedeutender Christen

Es ist wirklich geschehen, meine Kinder! Ich war, o ja, ich war immer mit Gott vereint, ich trug nur eine einzige Frage in meinem Herzen: *Was ist Dein Wille, mein Herr?* Es war eigentlich kein Fragen, denn es gab kaum mehr einen Unterschied zwischen Hören und Tun.

Da stand plötzlich der Engel vor mir. Ich, die ich doch Jungfräulichkeit gelobt hatte, sollte ein Kind empfangen? Wieder war nur diese einzige Frage in mir: Ist es der Wille Gottes? Hätte ich gefragt: Bin ich denn würdig? Bin ich denn fähig? Was wird aus meiner Ehe mit Josef? Welches Leiden wird auf mich zukommen? – Ich hätte nicht Ja sagen können. Ich erkannte in meinem Herzen den Willen Gottes und so konnte ich antworten: *Ich bin die Magd des Herrn, mir geschehe nach deinem Wort.*

Das ist auch für dich, mein Kind, die einzig wichtige Frage, die einzige Frage, die deine Entscheidungen bestimmen soll: *Was ist der Wille Gottes?*

Du hast Angst vor Gott? Du fürchtest, er könnte dir ein Kreuz aufladen, das so schwer ist, wie das von Jesus?

Mein Kind, mein Herz, ich verstehe deine Angst. Jesus hat entsetzlich gelitten durch das, was die Menschen ihm antaten, und ich habe mit ihm gelitten unter dem Kreuz. Der Schmerz hat mein Herz zerrissen, aufgesprengt für die ganze Menschheit. Ich konnte nur deswegen unter dem Kreuz stehen bleiben, weil ich wußte, daß der Verrat, das Ausspeien aus seinem eigenen Volk, der Hohn, die Geißelhiebe, jeder Tropfen Blut, der zum Himmel lodernde Schmerz meines Sohnes euch Menschen erlöst aus der Sünde. Ich, die ich euch liebe, war bereit, dem Opfer meines Sohnes zuzustimmen, war bereit, meinen Sohn für euch zu opfern.

Schon im Lächeln des Kindes in der Krippe kannst du fühlen, dass Jesus dich ohne jede Begrenzung liebt. Erkennst du Liebe nicht daran, daß ein anderer bereit ist, für dich zu leiden? Siehst du nicht, mein Kind, wie groß unsere Liebe zu dir ist? Ich konnte stehen bleiben unter dem Kreuz, weil ich glaubte, weil ich glaubte, daß Jesus den Tod besiegen wird. Und er hat es getan. Wäre Jesus nicht auferstanden von den Toten, wüsstet ihr nichts mehr von ihm und nichts mehr von mir.

Das war vor zweitausend Jahren.

Wir haben euch nicht verlassen. Liebe ist Ewigkeit und Ewigkeit ist Liebe. Jesus hat es euch gesagt: „Ich bin bei euch alle Tage, bis ans Ende der Welt." Und er ist es wirklich in dem unaussprechlichen Geheimnis der Eucharistie. Müht euch nicht, es mit dem Verstand zu fassen, das ist vergeblich. Laßt es einfach geschehen, daß Jesus sich euch schenkt in jeder Kommunion. Empfangt ihn mit der Liebe einer Braut zu ihrem Bräutigam, und das Geheimnis wird sich in die Erfahrung Seines Lichtes und Seiner Liebe verwandeln.

Auch ich bin bei euch alle Tage. Ich will nur eines, eure Seele für Jesus bereiten, so wie ich bereit war für Ihn. Ich bin doch eine von euch, ein Mädchen aus Nazareth, ich kenne eure Leiden, denn ich habe sie selbst durchlitten: Armut, Flucht, das Bewahren des Geheimnisses in Einsamkeit; ich habe meinen Mann verloren und meinen Sohn in den Tod begleitet.

Auch mein Herz hat ein Schwert durchbohrt, so daß ich euch alle, alle aufnehmen kann in mein offenes, unbeflecktes Herz. Es steht offen für dich, es ist deine Zufluchtsstätte in der Not dieser Zeit. Wie sehr du auch in Sünden verstrickt sein magst, ich liebe dich, mein Kind, und ich leide mit dir. Ich will nur eines, dich hinausführen aus der Dunkelheit auf den Weg zum Licht. Und nur eines brauche ich von dir, die Sehnsucht, diesen Weg zu finden. Dann kann ich dir die Gnaden schenken, die du brauchst, um dich der Macht des Bösen zu entwinden. Ich bin es, die Frau, die mit Demut und Gehorsam und Liebe der Schlange den Kopf zertritt.

Ich weiß, wie schwer es für euch ist zu glauben, daß wir euch lieben. Warum – so fragt jeder Mensch – müssen wir leiden, wenn der allmächtige Gott uns liebt?

Wir im Himmel wollen nicht, dass ihr leidet, wir wollen eure Seligkeit und euer ewiges Heil. Nichts rührt uns so sehr, wie eine Menschenseele, die das kleine und das große Leiden des irdischen Lebens annimmt und sich darin mit dem Leiden meines Sohnes vereint. Schon in diesem Leben wird euch mit jedem Akt der Aufopferung die Auferstehungfreude geschenkt. Das ist das Geheimnis der Heiligen. Denkt nur, wenn wir euch irdisches Glück anbieten würden, um zum Heil zu gelangen – das tun die falschen Propheten eurer Zeit. Die Egoisten würden sich am Himmelstor drängen, und sie könnten doch nicht hineingelangen, weil sie nicht gelernt haben zu lieben.

Meine Kinder, ihr lebt in einer Zeit, in der es scheinen könnte, als würde das Böse triumphieren, als würde es die Menschenseelen und die Schöpfung Gottes zerstören. Die Bedrängnis ist groß, und auch in meiner Kirche herrscht schlimme Verwirrung. Aber wir haben euch einen Steuermann geschenkt, den Heiligen Vater, der das Schiff auf Kurs hält. Ich weiß, daß ihr Menschenfurcht überwinden müßt, um euch zu ihm zu bekennen. Christen aller Zeiten liebten Gott mehr als sie die Menschen fürchteten – bis hin zum Tod. Wage das Bekenntnis, und Gott schenkt dir Geborgenheit im Glauben.

Als Mutter kann ich euch in diesem Kampf nicht allein lassen. Deswegen habe ich von Gott die Erlaubnis erfleht, auf dem ganzen Erdenrund durch auserwählte Seelen zu euch zu sprechen. Sie sind die Propheten dieser Zeit. Hört auf meine Botschaften, meine Kinder. Meine Worte sind Gefäße meiner Gnade, die ich euch schenken möchte. Immer und immer wieder sage ich es euch: Ich werfe euch eine Kette zu, an der ihr euch festhalten könnt, den Rosenkranz.

Schämt euch nicht meines Gebets; es wird euch Frieden schenken, Hilfe in euren menschlichen Nöten und unerschütterlichen Glauben. Die schmerzvolle Ohnmacht, die ihr erlebt, hat Jesus am Kreuz bis in den tiefsten Abgrund durchlitten. Verwandelt eure Ohnmacht in Gebet, dann wird Gott machtvolle Taten vollbringen. Jesus hat euch alles gesagt, meine Kinder. *Tut, was er euch sagt!* Ich liebe euch.

Frauen erwachen

Mai 2001

Wer hätte nicht Sehnsucht nach einer guten Mutter? Eine Mutter, die, getragen von der Liebe und Anerkennung ihres Mannes, in die Fülle ihrer Kraft hineinreift und deren Schönheit die Erfüllung ihres Wesens widerspiegelt? Eine Mutter, die mit ihrer Hingabe an den Mann und an die Kinder, ihrer umsichtigen und einfühlsamen Liebe, ihrer Geduld, ihrer Ausdauer, ihrer Bildung, ihrer klaren Entschiedenheit für das Gute den inneren Raum schafft, in dem der Mann Geborgenheit und Maß und guten Rat findet, in dem die Kinder lernen, was gut und böse ist, und ihre Gaben freudig entfalten, um dann voll ungestümer Zuversicht die Welt neu zu ergreifen?

Und welche Mutter weint nicht, deren vaterloses Kind schon in jüngsten Jahren nicht mehr zu zähmen ist? Das bereits in der Volksschule die Lust am Lernen verliert? Das von klein auf das Leben im toten Spiegel der sexistischen und gewalttätigen Verzerrung des Fernsehens sieht? Das in der Welt der Eltern kaum mehr etwas Nachahmenswertes entdeckt und sich deshalb so früh wie möglich in die Gruppe ebenso haltloser Gleichaltriger flüchtet, um schließlich – vielleicht – die Trostlosigkeit mit der Sucht zu überdecken?

Trotz der Sehnsucht, trotz der Tränen scheint unsere Gesellschaft in einem Strudel gefangen, der sie in die Tiefe reißt. Sie hat nur noch ein Ziel, das alle verbindet und doch alle voneinander trennt: das Vermeiden von Leid und die Mehrung von Lust. Die Folge pfeifen plötzlich die Spatzen von den Dächern: Wir sterben aus. Die Geburtenraten der westlichen Länder tendieren gegen 1 Prozent, das heißt, die Bevölkerung vermindert sich innerhalb von einer Generation um ein Drittel oder gar um die Hälfte. Bei der großen Fun Party grinst die Fratze des Todes zum Fenster herein. Spricht da nicht jemand schon lange von der „Kultur des Todes" – und niemand will es hören?

Um zur Kultur des Lebens zurückzufinden, gab es Ende Mai in Rom an der Päpstlichen Universität Regina Apostolorum einen Kongress: „Donna e Culture – Die Frau und die Kultur aus der Perspektive eines neuen Feminismus".

Simultan übersetzt, ging in eineinhalb Tagen über den dreihundert Zuhören eine Sturzflut von Vorträgen nieder. Frauen aus zehn verschiedenen Ländern berichteten vom Kampf um die Würde und die Werte der Frau im philosophischen Denken, in der Familie, im Erziehungssystem, in der Politik und im Berufsleben. Alle bekannten sich dazu, dass in ihrem Leben die Familie an erster Stelle stehe – ein Kunststück, das bei jeder Frau ein anderes Gesicht hat, und das, wenn die Kinder nicht die Zeche bezahlen sollen, nur in einer guten Ehe zu vollbringen ist.

Allen Referentinnen gemeinsam ist die Erkenntnis, dass wir uns in einer geschichtlichen Situation befinden, in der der Fortbestand der Familie und damit der christlichen Kultur in Frage steht. Die Zeichen des Rückfalls in heidnisch-barbarische Verhältnisse sind nicht mehr zu übersehen.

Die Initiative zu diesem Kongress, der schon im Vorjahr stattfand und nächstes Jahr wieder stattfinden wird, stammt von Mary Ann Glendon, Professorin für Rechtswissenschaften an der Universität Harvard.

Es scheint, als wären blinde Kräfte am Werk, denen wir ohnmächtig ausgeliefert sind. Aber ist das so? Sind die zerstörenden Kräfte wirklich blind, und sind wir wirklich ohnmächtig?

Die Frauenbewegung hat alte Wurzeln und gute Gründe. Die Differenzideologie vom Schlage „Der Mann ist die Eiche, die Frau der Efeu“ hat noch bis in dieses Jahrhundert dafür herhalten müssen, die Frau vom Wahlrecht auszuschließen, ihr den Zugang zur Höheren Bildung zu verwehren und sie männlicher Entscheidungsmacht anheim zu stellen. Lange ging der Kampf um die Anerkennung gleicher Würde und gleicher Rechte, bis Simone de Beauvoir, Lebensgefährtin Jean-Paul Sartres, Anfang der fünfziger Jahre mit ihrem Buch „Das andere Geschlecht“ den kampfbereiten Frauen die erstaunliche These als Munition lieferte: „Man kommt nicht als Frau zur Welt, man wird es.“

Wesenskern der Frau: die Mutterschaft, dem jeder Mensch und alle Menschen ihre Existenz verdanken, gilt Simone de Beauvoir als Zugriffsmöglichkeit männlicher Unterdrückung. Verhütung und Abtreibung empfiehlt sie der Frau als legitime Mittel, um sich aus der „Sklaverei der Mutterschaft“ zu befreien.

Das Kind wurde mit dem Bade ausgeschüttet – im wahrsten Sinne des Wortes: Was in China diktatorisch erzwungen wurde, die Einkindfamilie, brachte in den westlichen Gesellschaften der linksradikale Feminismus zustande.

Obwohl die ins Herz der Familie zielende Ideologie, es gebe keinen wesenhaften Unterschied zwischen Mann und Frau, der Grunderfahrung und Sehnsucht des Menschen ins Gesicht schlägt, obwohl sie den christlichen Glauben unterminiert („Als Mann und Frau erschuf er sie.") und obwohl sie die biologische Tatsache ignoriert, dass das Geschlecht im Augenblick der Verschmelzung von Ei und Samenzelle festgelegt ist, hat diese Idee in den siebziger Jahren wie ein Buschfeuer das allgemeine Bewusstsein in Brand gesetzt. Eine neue Diskriminierung ist entstanden: die der Mutter.

Die ideologische Waffe im Geschlechterkampf wurde von den Feministinnen begierig ergriffen und in Anschlag gebracht, insbesondere auf der Ebene der internationalen Organisationen. Was auf UN-Ebene beschlossen wird, wirkt als „soft law" in alle Nationen hinein, um dort in „hard law" umgesetzt zu werden.

Will man die Kultur aus den Angeln heben, muss man die Sprache verbiegen, damit sie verschleiert, was wirklich geschieht. (Für diese schmutzige Arbeit hat man in unserem Land einen Philosophie-Professor zum Minister gemacht.)

Die alten Feministinnen kämpften mit Erfolg dafür, in der Weltsprache Englisch das Wort „sex", bei dem sich unweigerlich die Polarität von Mann und Frau aufdrängt, durch das Wort „gender" zu ersetzen. „Gender" ist der grammatikalische Ausdruck für das Geschlechtswort der, die, das. Dieser Begriff hat den Vorteil, dass er frei ist von Erfahrung und Emotion, so dass er mit neuen Inhalten gefüllt werden kann: hetero, homo und bi, eins so gut wie das andere. Es wurde zum freiheitlichen Grundrecht des Menschen hochmanipuliert, dass er seine sexuelle Orientierung frei wählen könne. Kommt ein Kind dazwischen, dann soll die Frau zum Schutz ihrer „reproductive health“ ihr „reproductive right“ in Anspruch nehmen und das Kind abtreiben. Das tun im Jahr um die 50 Millionen Frauen auf dieser Erde – in den Ländern der Dritten Welt unter dem Druck von Entwicklungshelfern der ersten Welt.

Dies ist nicht der einzige Erfolg der „gender politics“. In atemberaubendem Tempo haben deren wertezerstörende Täuschungen die Gesellschaft durchdrungen, haben in den Parlamenten, ja sogar in der Evangelischen Kirche, Mehrheiten für die homosexuelle „Ehe“ zustande gebracht und sind zum Lernstoff unseres Erziehungssystems geworden. Die homosexuelle „Ehe“ wird als barmherziger Akt gegenüber einer diskriminierten Minderheit verkauft, ist aber ein Vehikel zur Zerstörung der Familie.

Wer hat Interesse daran, das Fundament der Gesellschaft zu zerstören, wie es die Väter des Grundgesetzes in Artikel 6 niedergelegt haben: „Ehe und Familie stehen unter dem besonderen Schutz der staatlichen Ordnung.“?

Genügt es zu sagen, dass die kapitalistische Globalwirtschaft entwurzelte Konsumenten braucht, die ihren Lebenssinn nur noch in der Steigerung des Konsums zu finden vermögen?

Oder spricht nicht vieles dafür, dass es auf dieser Erde einen Kampf zwischen Gut und Böse gibt, in dem das Heil des Menschen auf dem Spiel steht, das irdische und das ewige? Die Familie ist der soziale Ort, an dem der Mensch lernen kann zu lieben. Lernt er es dort nicht, lernt er es nirgendwo.

Dass der Mensch nicht lerne zu lieben, ist das strategische Ziel des Bösen. Es wendet dabei immer die gleiche Taktik an: Es packt die Menschen in einer Leidenssituation, etwa die Ausbeutung des Proletariats oder die Diskriminierung der Frau. Es verspricht, das Leiden abzuschaffen und die Bedürfnisse zu befriedigen. Es kleidet sich in den modisch zugeschnittenen Schafspelz guter und gerechter Ziele, die dem Allgemeinwohl dienen. Mit der Schamlosigkeit der Schlange, die zu Eva sagte: „Nein ihr werdet nicht sterben“ verheimlicht der Wolf die bösen Folgen, nämlich Heulen und Zähneklappern.

Wer spricht vom Leid der alleinerziehenden Mütter, von der Verlassenheit und seelischen Zerrissenheit der Scheidungskinder, von der Depression und Einsamkeit der Karrierefrau, von der Not der Frau, die abgetrieben hat, von der Trostlosigkeit der Alten, die keine Kinder haben?

Das Böse erscheint nicht noch einmal in SS-Stiefeln. Das Netz, in dem es die Menschen unserer Zeit fängt, ist die Verheißung, dass es gelingen werde, das Kreuz abzuwerfen. Dies ist die Trumpfkarte derer, die derzeit am Fundament der christlichen Zivilisation sägen. Und sie sticht.

Wenn nicht, ja wenn nicht die Frauen aus der Hypnose erwachen. Sie sind die eigentlichen Kulturträger. Sie sind es, die Leben schenken, indem sie sich selbst schenken, deren Leidenschaft auf das gedeihliche Wachsen der Frucht ihres Leibes gerichtet ist, die in ihrer wesenseigenen Fähigkeit zur Hingabe einen Raum menschlicher Werte schaffen, der nicht von den erbarmungslosen Gesetzen des Marktes überrannt wird, und die Antennen für die so notwendigen feinen Signale aus der unsichtbaren Welt besitzen.

Es scheint, als hätten die lebensfeindlichen Kräfte alles Geld, alle Medien, alle Macht, aber eines haben sie nicht auf ihrer Seite: die Wahrheit und die Gesetze der Natur. Unter falscher Flagge kämpfen sie für egoistische Interessen einiger weniger. Frauen lassen sich verführen, aber wenn sie der Verführung widerstehen, sind sie es, die das Leben bewahren.

Der Ruf an die Frau: Aufbau der Kultur des Lebens

August 2002

Unsere Gesellschaft ist krank – todkrank. Manche Leute, die befürchten, Krebs zu haben, gehen nicht zum Arzt, weil sie lieber in angstvoller Ungewissheit leben als sich einer möglicherweise fatalen Realität zu stellen. Ich ziehe es vor, die Wirklichkeit, in der ich lebe, zu erkennen, wie immer sie beschaffen sein mag. Wir retten uns vor dem Zerfall nicht dadurch, dass wir ihn nicht wahrnehmen. Je eher wir erkennen, was auf uns zukommt, um so größer ist die Chance, den Grund zu finden, der uns trotz allem Hoffnung gibt, und unser Leben darauf zu bauen.

Welchen Bereich der von Menschen gestalteten Wirklichkeit man auch anschauen mag: Wir haben Prozesse in Gang gesetzt, die die Lebensbedingungen auf dieser Erde umstürzen, Prozesse, die wir in der Zeitperspektive vieler Menschenalter weder anhalten noch umkehren können.

Der Papst hat der Kultur, die das alles bewirkt, einen Namen gegeben: „Kultur des Todes". Ununterbrochen erhebt er seine Stimme, bereist den ganzen Globus, um die Menschheit zur Umkehr zu rufen. Er entlarvt nicht nur die „Strukturen der Sünde", er stellt uns die Strukturen des Guten vor Augen. In seinen Lehrschreiben zeigt er, wie eine Gesellschaft beschaffen sein muss, in deren Mittelpunkt die Würde der Person steht. Diese Würde ist dem Menschen von seinem Schöpfergott unaufhebbar verliehe. Ist die Würde der Person die Nabe, um die sich Familie, Bildungssystem, Wissenschaft, Staat, Wirtschaft und Kultur drehen, dann entsteht eine „Kultur des Lebens".

Überalterung als Folge der Kultur des Todes

Dass der Begriff „Kultur des Todes" keine rhetorische Übersteigerung ist, vielmehr ein prophetische Mahnung, zeigt die Entwicklung der Altersstruktur.

Der Geburtenrückgang seit Ende der sechziger Jahre führte in nicht einmal einem Jahrzehnt zu einer Halbierung der Geburten. Seit Ende der sechziger Jahre werden in Deutschland weniger Kinder geboren als für die Bestanderhaltung der Bevölkerung notwendig sind. Dazu müsste im statistischen Schnitt jede Frau 2,1 Kinder zur Welt bringen. Die Geburtenrate liegt aber bei 1,3 Prozent. Das bedeutet, jede nachwachsende Generation ist um ein Drittel kleiner als ihre Elterngeneration. Die Bevölkerungspyramide wird sich so in wenigen Jahrzehnten auf den Kopf gestellt haben: unten die schmalen Jahrgänge der Nachwachsenden und Erwerbstätigen, oben die breiten Jahrgänge der Alten.

Ironie der Schicksals: Eine Kultur, die die Jugend zum Götzen macht, vergreist. So geht das mit den Götzen. Deswegen warnt Gott sein Volk wieder und wieder, keine falschen Götter anzubeten.

Die Ursache der Überalterung der Gesellschaft ist, dass ein wachsender Prozentsatz der Frauen, derzeit 32 Prozent, keine

Kinder mehr bekommen will. In absoluten Zahlen: Heute gibt es 4,6 Millionen Kinder (unter zehn Jahren) weniger als vor dreißig Jahren. Man sieht es: Auf den Straßen spielen kaum mehr Kinder.

Zu allen Zeiten wurden Kinder als Segen betrachtet. Die Frauen der Bibel fühlten sich zutiefst in Frage gestellt und von Gott gestraft, wenn sie keine Kinder bekommen konnten. In unserer Kultur, in der die Jugendlichen systematisch in die Frühsexualität hineingetrieben werden, begegnet das junge Mädchen dem Kind zuerst als Fluch, dem sie durch Verhütung oder notfalls Tötung zu entrinnen sucht. Die Verkehrung von Segen in Fluch fällt nun auf die Gesellschaft zurück.

Die Dynamik der Überalterung ist nicht mehr aufzuhalten. „Bevölkerungsentwicklungen sind Prozesse von großer Trägheit, die auf Jahrzehnte hinaus kaum mehr umgelenkt werden können, wenn sie erst einmal eine bestimmte Richtung eingeschlagen haben", sagt Professor Herwig Birg, Direktor des Instituts für Bevölkerungsforschung und Sozialpolitik an der Universität Bielefeld.

In den ostdeutschen Ländern kann man jetzt schon sehen, was auf uns zukommt. Hier muss man schon fast von einem Verzicht auf Kinder überhaupt sprechen. Die tatsächliche Kinderzahl je Frau sank zum Beispiel in Sachsen im Jahre 1994 auf die weltweit bemerkenswerte Größe von 0,77 – stieg danach allerdings wieder etwas an. Firmen, Kindergärten, Schwimmbäder, Schulen, Universitäten und Krankenhäuser müssen geschlossen werden.

Was bedeuten diese Zahlen? Was Computersimulationsprogramm bis ins einzelne berechnen, sagt uns der gesunde Menschenverstand: Eine Gesellschaft, in der die Mehrzahl der Menschen über 65 ist, ist eine sterbende Gesellschaft.

Mit der Frage, welche Folgen das für den *Wohlstand* hat, befasste sich im Juni 2002 ein Kongress in Berlin. Er stand unter der Schirmherrschaft der Präsidenten Frankreichs und Deutschlands und versammelte Experten von höchstem Niveau. Sein Thema: „Demographie und Wohlstand".

Die Alarmglocken schrillen: Der Wohlstand ist in Gefahr!!

Wie immer die Finanzminister auch herumrechnen mögen, das Umlagesystem der Renten kann nicht mehr funktionieren, wenn jeder Erwerbstätige für zwei alte Menschen arbeiten muss. Ob die junge Generation von heute das wohl tun will und tun kann? Wahrscheinlich ist, dass unproduktive Alte vom überfüllten Altersheim mit einer Spritze ins Jenseits abgeschoben werden. Professor Birg: „Wenn die Geburtenhäufigkeit nicht dramatisch zunimmt, wird das System der sozialen Sicherheit schlicht zusammenbrechen; es ist dann nicht mehr reformierbar."

Die rot/grüne Regierung hofft das Schlimmste dadurch abzuwenden, dass sie massenhaft Ausländer ins Land holt. Aber das ist eine Rechnung, die nicht aufgeht. Darüber sind sich alle Fachleute einig. Es wäre, wie Professor Birg sagt, eine neue Art von „demographischem Kolonialismus", der zudem größere Probleme schafft, als er löst. Denn:

Um das Verhältnis von Älteren zu Jüngeren konstant zu halten, müssten bis 2050 188 Millionen mehr Menschen nach

Deutschland einwandern als auswandern. Dadurch würde sich die Bevölkerungszahl von 82 Millionen auf 200 Millionen steigern. Auf jeden Deutschen kämen mehr als zwei Ausländer. Das verkraftet kein Land. Dass es das Ende einer deutschen kulturellen Identität wäre und dass es das Ende des Christentums wäre, interessiert die Fachleute weniger.

Professor Nauck, Soziologe an der TU Chemnitz, sagt: „Was da auf uns zukommt, ist wie ein Hurrikan, der auf die Küste zurast." (SZ Magazin, 10.5.2002)

Entwertung der Mutter

Wie kam es, dass ab Ende der sechziger Jahre viele Millionen Frauen keine Kinder mehr bekommen wollen, dass sie nicht mehr Mutter sein wollen? Wenn Frauen sich weigern, Kinder zu bekommen, dann ist das Lebenszentrum, das Herz, der Zivilisation getroffen – das leuchtet unmittelbar ein.

Wie kam es zu diesem Anschlag auf die Mutter? Warum wurde sie abgewertet, in Misskredit gebracht? Wie konnte es geschehen, dass Mutterschaft nicht mehr als Verwirklichung und Erfüllung des Frauseins gewertet wurde, sondern vielmehr als Gefängnis, als Verhinderung der Selbstverwirklichung der Frau? Wie konnte es geschehen, dass Kinder nicht mehr als Glück und Reichtum gesehen werden, sondern als Last und Bürde, als Karrierehemmnis und unzumutbarer Kostenfaktor?

Gesellschaftliche Veränderungen in diesem Ausmaß können sich nur vollziehen, wenn sie geistig vorbereitet werden. Das bahnbrechende Buch, bereits 1949 in Frankreich veröffentlicht, stammt von Simone de Beauvoir, der Lebensgefährtin des atheistischen Philosophen Jean-Paul Sartre. Ihre zentrale These war: „Man wird nicht als Frau geboren, sondern zur Frau gemacht." Nach Darstellung der patriarchalen Unterdrückung der Frau in den letzten Jahrtausenden, plädierte sie für sexuelle Freiheit, Geburtenkontrolle, Abtreibung, für Emanzipation und Gleichberechtigung und die Eroberung männlicher Berufsdomänen und Führungspositionen.

Damit eine Ideologie die Massen ergreifen kann, muss sie an eine Leidenssituation anknüpfen und sich als Befreiung von diesem Leiden präsentieren. Diese Leidenssituation war in der Tat gegeben. Die Frau galt dem Zeitgeist vieler Epochen und noch modernen Philosophen als minderwertig; Wahlrecht und Zugang zur höheren Bildungseinrichtungen waren ihr noch zu Anfang des 20. Jahrhunderts in vielen westlichen Ländern verwehrt; die Herrschaft des Mannes innerhalb der Familie war hohl geworden. Das Licht der euphorischen Hoffnung, das Leiden abschütteln zu können und mit gutem Gewissen der Erfüllung der eigenen Bedürfnis nachjagen zu dürfen, *verblendete* die Wahrnehmung, so dass der Preis, der dafür gezahlt werden musste, nicht gesehen wurde. Der Preis ist das Kind. Das Kind wurde mit dem schmutzigen Wasser überständiger Männerherrschaft ausgeschüttet – im wahrsten Sinne des Wortes.

Ist es nicht erstaunlich, dass wir Frauen uns einreden ließen, es gebe keinen natürlichen und wesenhaften Unterschied zwischen Mann und Frau – nicht nur von Simone de Beauvoir, sondern von einer Flut feministischer Literatur, die in jede Ritze der

Gesellschaft eindrang? Ich erinnere mich, dass wir uns, wenn ein kleines Mädchen lieber mit Puppen spielte als mit Autos, fragend ansahen: Gibt es vielleicht doch so etwas wie ein weibliches Wesen, das nicht erst durch soziale Konditionierung entstanden ist?

Unter diesem Anprall wichen die Männer erschrocken und schuldbewusst zurück. Sie wurden zu Softies, die von den starken Emanzen zwar für mancherlei gebraucht, aber entwürdigt und verachtet wurden. Die so verunsicherten Männer überboten sich als Vorkämpfer feministischer Ziele. Das entlastete sie vom Vorwurf der patriarchalen Herrschaft. Das Bild dessen, was ein Mann und was eine Frau ist, was eine Ehe, was Vater und Mutter, ging dem Bewusstsein als Idealtyp verloren.

Die bürgerliche Kleinfamilie wurde zu einem Schimpfwort und alle Schuld für die inneren Beschwernisse, unter denen ein junger Mensch leiden mochte, ja die Schuld für den Nationalsozialismus, wurden ihr von Freud und Adorno in die Schuhe geschoben.

Die Verhütung der Zukunft

Außer der geistigen Vorbereitung des feministischen Umsturzes bedurfte es einer physischen Voraussetzung, um die Frauen aus der „Sklaverei der Mutterschaft" zu befreien. Das war die Pille.

Weltweit wurde die Pille als Errungenschaft des medizinischen Fortschritts gepriesen. Endlich bekam die Frau ein Mittel in die Hand, sich vor ungewollten Schwangerschaften zu schützen – nur täglich eine kleine Pille schlucken, und sie war frei, darüber zu bestimmen, wann und wie oft und mit wem sie sich sexuell einlassen wollte. *Vor* der Pille war es eine ernste Entscheidung, denn für die Frau konnten lebenslange Konsequenzen daraus entstehen: ein Kind, ein lebendiger Mensch, für den sie lebenslang verantwortlich sein würde. Nun endlich keine Angst mehr! Hurra! Sie konnte Kinder sicher *verhüten*. Welch eine Befreiung!

Nun, so war die allgemeine Erwartung, würden die Ehen besser, es würde weniger uneheliche Kinder und weniger Abtreibungen geben. Logische, vernünftige Erwartungen, nicht wahr?

In diese Situation, in der alle Welt die technische Beherrschbarkeit der Fruchtbarkeit der Frau bejubelte, platzte eine Bombe: die Enzyklika *Humanae Vitae*, die von Papst Paul VI gegen den Widerstand nicht nur der weltweiten öffentlichen Meinung, sondern seiner eigenen Kurie verkündet wurde. Der Papst hatte ganz andere Erwartungen:

1. Die künstliche Empfängnisverhütung könnte einen „breiten und leichten Weg zur ehelichen Untreue und allgemeinen Aufweichung sittlicher Zucht auftun."

2. Männer könnten die Ehrfurcht vor der Frau verlieren und sie zum bloßen Werkzeug ihrer Triebbefriedigung erniedrigen.

3. Man gäbe staatlichen Behörden gefährliche Macht in die Hand, sich über sittliche Grundsätze hinwegzusetzen.

Paul VI sagte nach der Verkündigung dieser Enzyklika: „Noch nie haben wir mit solcher Schärfe wie bei dieser Gelegenheit die Last unserer Aufgabe im Dienste der gesamten Menschheit gefühlt. ... Wir möchten in der Tat hoffen, dass alle, besonders die christlichen Eheleute – auch wenn sie den Eindruck haben, dass unser Wort schwer zu erfüllen ist – es verstehen mögen, dass nur die Treue zum Denken Christi diese scheinbare Strenge motiviert hat."

Heute, gut dreißig Jahre später, zeigt sich, dass *Humanae Vitae* ein prophetisches Dokument war, ein Zeugnis für die Führung des Papstes durch den Heiligen Geist. Die Folgen der Pille sind weit furchtbarer, als es der Papst damals vorausgesehen hat:

- Die Scheidungen haben sich in nur zehn Jahren verdoppelt;
- Sex vor der Ehe und eheloses Zusammenleben ist zur Norm geworden;
- damit ein enormer Anstieg unehelicher Kinder und alleinerziehender Mütter;
- Jedes siebte Kind ist heute Sozialhilfeempfänger (vor dreißig Jahren jedes 35ste);
- Anstieg von Unfruchtbarkeit, Brustkrebs, Depression;
- Pornographisierung der gesamten Gesellschaft;
- Frühsexualisierung der Jugendlichen, die dadurch bindungsunfähig werden;
- Abtreibung als Fortsetzung der Verhütung mit anderen Mitteln. Weltweit schätz man jährlich 60 Millionen Abtreibungen, in Deutschland 1 000 pro Tag.

Was der Papst damals noch nicht gesehen hat, ist die naheliegendste Konsequenz: Wenn Kinder massenhaft verhütet und abgetrieben werden, dann überaltert und stirbt die Bevölkerung, in der das geschieht. Niemand hat das vorausgesehen, denn die reichen Industrienationen fühlten sich durch die Bevölkerungsexplosion in den armen Entwicklungsländern bedroht. Es war einfach nicht vorstellbar, dass in so kurzer Zeit die Fortpflanzung des Menschengeschlechts in den Industrienationen gefährdet sein könnte.

Aber nun wissen wir es. Die Spatzen pfeifen es von den Dächern. Und wenn sich die Experten der Welt zu einem Kongress treffen und die Zahlen an die Wand malen, dann fragen sie nicht: Was tun denn die Menschen, dass sie so wenig Kinder bekommen?

Wie ist es möglich, dass in bestimmten Kulturen die Fortpflanzungsmechanismen der Spezies Mensch beschädigt wurden? Nichts ist von der Natur mit einer solchen Überfülle von Sicherheit eingerichtet wie die Fortpflanzung. Sie bedarf keines Willensaktes, vielmehr wird der Mensch wie jedes Tier dazu getrieben.

Was also tut der Mensch?

Jeder weiß es, aber die Worte dürfen nicht ausgesprochen werden, denn sie als Ursache des Sterbens unserer Kultur zu benennen, ist ein Tabu. Das Tabu schützt das, was unsere Kultur für ein Freiheitsrecht des Individuums hält.

Die Worte sind:

- Verhütung;
- Abtreibung;
- Homosexualität;
- Verbrauchende Embryonenforschung.

Wenn Kinder verhütet werden, werden sie nicht empfangen.

Wenn Kinder im Mutterleib getötet werden, werden sie nicht geboren.

Wenn zwei Menschen gleichen Geschlechts sich wechselseitig befriedigen, entsteht kein Kind.

Eine Gesellschaft, die Embryonen tötet, damit alte Menschen älter werden, opfert neues Leben für die Verlängerung alten Lebens. (Dieser letzte Punkt ist kein quantitatives Problem, aber unverhüllter Ausdruck der Kultur des Todes.)

Diesen Zusammenhang nicht zu sehen, ist so absurd und so irrational, als dürfte man nicht feststellen, dass zwei und zwei vier ist. Wenn jedes dritte Kind im Mutterleib zerstückelt, zerquetscht oder vergiftet wird, dann sind wir als Gesellschaft in einem verbrecherischen Tun gefangen, dessen Konsequenzen die Größe des Verbrechens spiegeln. Ich kann es nur mit der *Logik des Bösen* erklären, die Romano Guardini so beschreibt: „Nach der Logik des Bösen setzt sich die Sünde in Verblendung um, diese wird wieder zur Sünde und die neue Sünde verblendet noch mehr."

Das ist die Beschreibung einer Spirale, die in den Abgrund führt.

Der Plan Gottes

Fassen wir zusammen: Wir haben eine Kultur des Todes geschaffen. Eine Geburtenrate, die nahe bei 1,3 liegt, ist ein Zeichen, dass niemand mehr übersehen kann. Der gesellschaftliche Zerfall beschleunigt sich zusehends. Wenn die Mutter in einer Gesellschaft nichts gilt, wenn die Familie zerbricht, wenn die junge Generation auf dem Altar des Egoismus einer materialistischen Gesellschaft geopfert wird, dann ist es höchste Zeit, dass sich die Frauen auf ihr Wesen besinnen, ihre Berufung erkennen, ihre spezifischen weiblichen Gaben zum Wohl der Menschen verwenden und sich mit ihrer ganzen weiblichen Kraft der Hingabe für eine „Kultur des Lebens“ einsetzen.

Befragen wir die Schöpfungsgeschichte über die Absicht Gottes mit den Menschen. Man mag einwenden, der biblische Schöpfungsbericht sei ein poetischer Mythos. Er erweist seine Wahrheit indirekt dadurch, dass der Mensch scheitert, wenn er den göttlichen Ursprung und Auftrag, der darin formuliert ist, in den Wind schlägt.

In der Genesis heißt es: „Gott schuf also den Menschen als sein Abbild; als Abbild Gottes schuf er ihn. Als Mann und Frau schuf er sie. Gott segnete sie, und Gott sprach zu ihnen: Seid fruchtbar und vermehrt euch.“ (Gen 1, 27-28)

Der Mensch ist das einzige Wesen, das als Ebenbild Gottes *um seiner selbst willen* geschaffen wurde – und zwar als Mann und als Frau. Man darf annehmen, dass auf der ersten Seite der Bibel nichts Unwichtiges steht. Dies steht auf der ersten Seite. Im zweiten Kapitel der Genesis wird erklärt, warum Gott den Menschen als Mann und Frau erschaffen hat:

„Es ist nicht gut, dass der Mensch allein bleibt. Ich will ihm eine Hilfe machen, die ihm entspricht.“ (Gen 2, 18) Als Adam die Frau sieht, ist er hingerissen: „Das endlich ist Bein von meinem Bein und Fleisch von meinem Fleisch. Frau soll sie heißen; denn vom Mann ist sie genommen. Darum verlässt der Mann Vater und Mutter und bindet sich an seine Frau, und sie werden *ein* Fleisch.“ (Gen 2, 23-24)

Die Eckpfeiler der menschlichen Existenz sind also:

- Der Mensch ist als Ebenbild Gottes geschaffen. Daraus ergibt sich die einzigartige und unantastbare Würde jedes Menschen;
- Der Mensch existiert in der Polarität von Mann und Frau;
- Die Frau wird dem Mann von Gott geschenkt, damit er nicht einsam sei;
- Der tiefste und erste Auftrag der Frau ist es, dem Mann *Hilfe* zu sein;
- Beide werden ein Fleisch.

Wagen wir es, angesichts des Bankrotts und der verheerenden Folgen der feministischen Ideologie einen kühnen Sprung in die Gegenwart zu machen. Was wäre heute, wenn wir uns an die biblische Bestimmung hielten?

Wir würden es als schwere Verletzung der göttlichen Ordnung erkennen, das Menschenleben in irgendeiner Phase seiner Existenz zu töten, sei es als Embryo, als Fötus oder als alten Menschen. In der Erkenntnis, dass Gott den Menschen geschaffen hat, würden wir niemals das Erbgut des Menschen antasten. Wir würden das Bestreben, den Menschen zu klonen, als satanischen Anschlag erkennen. Mann und Frau würden sich in unauflöslicher Ehe zu einer Einheit verbinden, die auf ihrer ebenbürtigen Verschiedenheit beruht. Der Mann wäre voller Freude und Dankbarkeit für die Gegenwart der Frau, und die Frau würde ihm helfen, die Schöpfung so zu beherrschen, wie es der Wille Gottes ist. Aus ihrer unauflöslichen Einheit würden Kinder entstehen und als Segen dankbar angenommen werden. Homosexualität wäre die Entscheidung einzelner, vom Schöpfungsplan

Gottes abzuweichen. Eine solch unfruchtbare Verbindung würde niemals der Ehe gleichgestellt.

Aber da kam die Schlange und log. Sie hat nicht aufgehört, Eva zum Bösen zu verführen, und Eva hat nicht aufgehört, selbst zum Bösen zu verführen, nicht nur die Männer, sondern ihre Schwestern in der heutigen Zeit.

Die Schlange, die klüger war als alle Tiere, sagte zu der Frau: „Hat Gott wirklich gesagt, dass du unter Schmerzen Kinder gebären sollst und dass der Mann, den du begehrst, über dich herrschen soll?“ Da sah die Frau, dass es köstlich wäre, sich davon zu befreien, sich den Schmerzen des Gebärens und des Kinderaufziehens zu entziehen und wie der Mann zu herrschen.

Aber wie damals, so hat die Schlange Eva erneut betrogen. Die Freiheit, das Glück, die Selbstverwirklichung, die ihr die Schlange vorgegaukelt hat, haben ins Elend der zerrütteten Familien geführt, in Angst, in Depression, in Einsamkeit, in materielle und seelische Armut.

Bestimmung zur Mutterschaft

Es ist die Frau, die ihren Platz verlassen hat, und es ist die Frau, die dadurch, dass sie die Gesellschaft mit ihren spezifisch weiblichen Fähigkeiten umgestaltet, das Leben rettet. Leben empfangen, Leben gebären, Leben nähren, Leben pflegen, Leben retten ist das, wozu sie da ist, ist das, was sie kann – mit einer Kraft ohnegleichen, wenn sie erkennt, dass sie in der Not gefordert ist. Es ist die Kraft, die eine Mutter ins Feuer springen lässt, um ihr Kind zu retten.

Jeder Mann weiß und erlebt, dass er anders ist als die Frau, und jede Frau weiß und erlebt, dass sie anders ist als der Mann.

In ihrem Buch „Brainsex“ stellen die Autoren Anne Moir und David Jessel die Ergebnisse der Gehirnforschung dar und kommen zum Schluss, dass die Gehirnstruktur des Menschen männlich oder weiblich ausgeprägt ist. Sie bestätigen, was wir alle wissen und was Psychologen beschreiben: „Die Prägung durch die Hormone im Mutterleib ist unauslöschlich. Für Frauen bedeutet dies, dass sie empfindlicher als Männer für Geräusche, Gerüche, Geschmack und Berührung sind. Frauen haben ein feineres Ohr für die Nuancen von Stimmen und Musik, und Mädchen erwerben die Fertigkeit, flüssig zu sprechen, früher als Jungen. Frauen sind sensibler für den sozialen und persönlichen Kontext, geschickter im Herausspüren von nonverbalen Informationen aus Mimik und Gestik ihres Gegenübers und schneller im Verarbeiten sensorischer und verbaler Informationen. Sie sind weniger regelorientiert und -gebunden als Männer.

Männer sind aggressiver, wettbewerbsorientiert und geltungsbedürftiger. Sie brauchen die Hierarchie und die Regeln, denn ohne sie wären sie nicht in der Lage zu bestimmen, ob sie ‘oben’ sind oder nicht – und das ist für die meisten Männer von vitaler Bedeutung.“ (S. 244)

„Frauen haben mehr Verbindungsleitungen zwischen den beiden Hemisphären ihres Gehirns. Dies trägt zu einer besseren Kommunikation zwischen ihren links- und rechtsseitigen Fähigkeiten bei.“ (S. 246)

Über die im Gehirn neurologisch feststellbaren Unterschiede haben die Autoren ein dickes Buch geschrieben. Ihre Ergebnisse bestätigen die Erfahrung jedes Menschen und man kann sich nur immer wieder fragen: Wie konnten wir uns nur so verblenden lassen?

Das unterscheidende, unverwechselbare, unersetzbare Merkmal der Frau ist ihre Fähigkeit, Mutter zu sein. Was lässt sich aus ihrer Bestimmung zur Mutterschaft über ihr Wesen, ihre Gaben und ihre Sendung ableiten?

Eine Frau *empfängt* das Kind vom Mann, sie *macht* es nicht. Sie öffnet sich, sie gibt sich hin, sie lässt etwas geschehen, was sie unendlich übersteigt und sich doch in der äußersten Begrenztheit ihres eigenen Leibes ereignet: Sie empfängt neues Leben. Samen und Eizelle verschmelzen und im selben Augenblick ist ein neuer Ton im Universum angeschlagen: ein neuer Mensch, von Gott gewollt, eingeschrieben in seine Hand.

Dieses Kind wächst in ihr heran. Ihr Bauch ist neun Monate lang die erste dunkle Heimstätte eines jeden Menschen. Er gehört nicht der Frau, sondern dem Kind. Das genetische Programm stammt von Mutter und Vater, aber alles, was es wird, empfängt es von der Mutter, nicht nur die Materie, aus der sich sein Körper bildet. Ob die Mutter singt oder weint, ob sie sich geborgen fühlt oder Angst hat, ob sie liebt oder böse ist – das Kind schwimmt in diesen Gefühlen ebenso wie im Fruchtwasser und wird davon geprägt.

Die Mutter kann nichts lenken, nichts berechnen, nichts tun; sie kann nur spüren, fühlen, die Hände auf den Bauch legen, warten, hoffen. Sie ist in *guter* Hoffnung. Sie ist nicht mehr allein. Ganz innen ist ein anderer Mensch, ein Geheimnis, das sich bis zum Ende ihres Lebens entfalten, aber doch immer Geheimnis bleiben wird – geschenkt, nicht gemacht.

Den Zeitpunkt der Geburt bestimmt sie nicht selbst. Wenn der *kairos* da ist, der Augenblick, auf den sie neun Monate lang gewartet hat, dann kann sie sich nur der Urgewalt der Wehen ausliefern, die wie die Meereswellen über sie hinwegrollen und das Kind am hellen Ufer der Welt aussetzen. „Wenn die Frau gebären soll, ist sie bekümmert, weil ihre Stunde da ist; aber wenn sie das Kind geboren hat, denkt sie nicht mehr an ihre Not über der Freude, dass ein Mensch zur Welt gekommen ist." (Joh 16, 21) Im ersten Blickkontakt entsteht die einzigartige, durch nichts zu ersetzende Bindung zwischen Mutter und Kind, an der sich das Kind wie an einer Rebschnur ins Leben leiten lässt.

Aus den Brüsten der Mutter fließt Milch. Alles, was der Säugling braucht, empfängt er von seiner Mutter: Nahrung, Geborgenheit, Liebe. Kinder, die nur genährt und nicht geliebt werden, sterben. Die Mutter gibt, nährt, schützt, horcht auf jeden Laut ihres Kindes, achtet auf jede seiner Regungen. Das Kind kann nicht sprechen, es ist darauf angewiesen, dass die Mutter mit ihrem siebten mütterlichen Sinn die Zeichen richtig deutet. Dafür wird sie beschenkt mit der innigsten, sie zutiefst beglükkenden Einheit, mit einem Du. Wer in das lächelnde Gesicht eines Säuglings blickt, den trifft Reinheit ins Herz, Unschuld, grenzenloses Vertrauen und eine Liebe, die wie der erste Strahl der Morgensonne die Welt verzaubert.

Die Aufgabe der Mutter ist es von nun an, dem Kind in der Welt den Raum zu schaffen, die Geborgenheit, die Nahrung für Leib und Seele, die es braucht, um zu gedeihen. Die Mutter *macht* es nicht wachsen, sie schafft nur die Bedingungen. Das Kind erlebt, das jemand ganz für es da ist, erlebt sich als Mittelpunkt des Universums. Wenn es diese Erfahrung machen darf, wird es sie niemals mehr vergessen. Sie wird sich als Urvertrauen in seiner Seele niederschlagen, als Fundament, von dem es sich schließlich abstoßen kann, um ins weite Meer des Lebens hinauszufahren.

Dafür braucht die Mutter ihrerseits geschützten Raum und Zeit. Zeit, Zeit, Zeit.

Es ist Aufgabe des Mannes, des Vaters, diesen Schutzraum für Mutter und Kind zu schaffen. Es ist Aufgabe der ganzen Gesellschaft, Raum und Zeit und Geld so zu verteilen, dass der machtvollste Drang der Natur, die Fortzeugung des Lebens, nicht umschlägt in die Dynamik des Sterbens.

Frauen schämen sich seit einigen Jahrzehnten, wenn sie *nur* Mutter sind. Mittlerweile lassen die wirtschaftlichen Verhältnisse es kaum mehr zu, dass Mütter für ihre Kinder da sind, solange die Kinder sie brauchen. Frauen *wollten* lieber arbeiten, um sich selbst zu verwirklichen; jetzt *müssen* sie arbeiten, um ihre Familie durchzubringen. Denn Familie zu haben, ist in unserem reichen Deutschland der sicherste Weg in die Armut, alleinerziehende Mutter zu sein, der sicherste Weg zum Sozialamt.

Es ist die Mutter, von dem das Kind zuerst die Sprache lernt. Eine Mutter, die bei der Arbeit zu Hause ein kleines Kind um sich hat, ist mit ihm in ständiger Kommunikation: ein Blick, ein Laut, ein paar Worte, und das Kind fühlt sich sicher und spielt weiter.

In den ersten Monaten tut die Mutter nichts anderes, als die Bedürfnisse des Kindes zu befriedigen. Aber schon bald beginnt Erziehung. Das Kind ist egoistisch und muss lernen, die Bedürfnissc anderer wahrzunehmen und zu teilen. Das Kind ist hemmungslos in seinen Gefühlsäußerungen. Es muss lernen, sich zu beherrschen. Das Kind will Befriedigung eines Bedürfnisses, so bald es auftritt. Es muss lernen, jetzt auf etwas Kleines zu verzichten, um später etwas Großes zu erreichen. Das Kind braucht Anleitung und Wegweisung für die Beziehung zu Gott, die ihm, solange es klein ist, selbstverständlich ist.

Das Kind zu lehren, Gut und Böse zu unterscheiden, und es zu erziehen, sich für das Gute zu entscheiden, ist für die Mutter eine existenzielle Notwendigkeit, denn sie ist mit ihrer ganzen mütterlichen Leidenschaft darauf ausgerichtet, dass das Leben des Kindes gelingt. Sie kann nur die Werte vermitteln, die sie selbst lebt, und das Kind wird sie in dem Maß zu seinen eigenen machen, als sie von Liebe getragen sind.

Die Mutter will Einheit der Familie. Sie ist immer bemüht, die zentrifugalen Kräfte wieder nach innen zu lenken, denn nur auf einem Grundakkord von Frieden und Liebe kann aus der Verschiedenheit der Stimmen aller Familienmitglieder ein Wohlklang werden. Grundvorrausetzung ist die wechselseitige Hingabe der Ehegatten, unverbrüchliche Treue und eine bewusste Strategie der Erneuerung der Liebe.

Die gute Nachricht ist: In einer Zeit des Verfalls der Familie lässt Gott die Berufung zur Familie als Weg der Heiligkeit aufstrahlen. Ihn sichtbar zu machen, ist das historische Verdienst Papst Johannes Paul II. Geistliche Erneuerungsbewegungen wie Schönstatt, Legionäre Christi, Gemeinschaft Emmanuel, Equipe Notre Dame und andere helfen Ehepaaren und Familien, diesen Weg zu gehen.

Die Gaben der Frau – Heilmittel für die Krankheit unserer Zeit

Was also sind die besonderen Gaben der Frau, die sich daraus ergeben, dass sie zur Mutterschaft bestimmt ist?

Die Frau kann die Vorgänge in ihrem Körper nicht steuern, sie kann sich nur in den Zyklus einfügen. Ihrem Wesen entspricht mehr das Einfügen als das Herrschen.

Die Frau *empfängt* das Leben. Sie *macht* es nicht. Ihr Wesen ist Empfänglichkeit.

Die Frau erfüllt ihre Bestimmung, wenn sie sich selbst dem anderen zum Geschenk macht. Sie ist auf Hingabe angelegt.

Sie kann das Wachstum nicht lenken und kontrollieren. Sie kann es aber intuitiv erspüren.

Sie erlebt in der Geburt, dass sich Leiden in Freude verwandelt. Sie kann Leiden deswegen besser ertragen als Männer.

Als Mutter geht sie zum Kind die stärkste Bindung ein, die es gibt. Sie ist bindungsfähig und bindungswillig.

Sie ist auf das Du angelegt. Sie nährt, pflegt, sorgt, ermutigt, hört zu, erkennt die Bedürfnisse des anderen und versucht sie zu befriedigen. Sie kommuniziert mit Herz, Verstand und Körper.

Sie achtet auf Einzelheiten und nimmt das Ganze wahr.

Das sind Wesensmerkmale der Frau unabhängig davon, ob sie wirklich ein Kind zur Welt bringt oder ob ihr physisches Muttersein Potenzial bleibt, sei es gegen ihren Wunsch oder weil ihre Berufung eine andere ist. Auch ohne eigene Kinder wird eine Frau dann Erfüllung finden, wenn sie ihre weiblichen Eigenschaften entfaltet und in geistige Mutterschaft hineinwächst, um die Werke zu vollbringen, zu denen sie berufen ist, sei es in der Welt oder im Ordensleben. Die Frau, der das gelingt, wird in allen Kulturen der Ehrenname „Mutter" verliehen. Denken wir nur an Mutter Theresa.

Die Welt braucht die Gaben der Frau. Die Hauptkrankheiten der westlichen Zivilisation werden geheilt, wenn weibliche Qualitäten zum Tragen kommen.

Die Zerstörung der ökologischen Grundlagen dieser Erde – seit Jahrzehnten vorausgesehen – holt uns nun ein. Gegenwärtig, im August 2002, versinkt Mitteleuropa in der Flut der Sünden gegen die Natur. In anderen Gebieten Dürre und riesige Waldbrände. Was Hildegard von Bingen vor tausend Jahren prophezeit hat, geschieht nun: Die Elemente rebellieren.

Statt uns einzufügen in die zyklischen Kreisläufe der Natur, wie es der Frau vorgegeben ist, statt die Erkenntnis der Naturgesetzte dazu zu verwenden, sie um so mehr zu achten und mit ihnen mitzuwirken in Verantwortung für die Generationen, die nach uns kommen, benutzt unsere Zivilisation ihr technisches Wissen, um die Natur mit einer Brutalität ohnegleichen auszubeuten und die Lebensbedingungen für unabsehbare Zeiten lebensbedrohlich zu verändern.

Wir – Männer und Frauen – werden lernen müssen, mit der Natur so umzugehen wie eine gute Mutter mit ihren Kindern. Dann wird die Erde uns mit ihrer ganzen wunderbaren Fülle beschenken.

Der globale Raubtierkapitalismus zerstört mit der Natur die sozialen Beziehungen der Menschen. Alles, aber auch alles ist dem Geld unterworfen. War bisher die Familie ein marktfreier Raum, so frisst sich das Geld nun durch den Zerfall der Familie in die intimsten Beziehungen. Es sind die Frauen, die noch dafür sorgen, dass es Zuwendung, Fürsorge, Pflege, Gespräch, Rat und Hilfe gibt, ohne dass das Kind, die alten Eltern, die Nachbarn, Kranke und Alte, Schulen und Gemeinden dafür zahlen müssen. Täten sie es nicht mehr, würden nicht nur unsere Sozialsysteme zusammenbrechen, die Menschlichkeit würde dem Raubtier Geld gänzlich zum Opfer fallen.

Der moralische Verfall der Gesellschaft, von unseren höchsten Gerichten sanktioniert, schreit danach, dass die Frauen dagegen aufstehen. Die Sexualisierung und Pornographisierung der gesamten Gesellschaft zerstört die sittlichen Grundlagen der Kultur und die Seelen unserer Kinder. Sie können nicht mehr unterscheiden, was gut und böse ist, werden von den Erwachsenen der Verführung durch das Böse ausgeliefert. Die Frau muss wieder zur Hüterin und Bewahrerin des Guten werden.

Von den Politikern können wir nicht erwarten, dass sie das Steuer herumreißen. Manche von ihnen machen sich zum Vortänzer von Schwulenparaden und niemand scheint daran Anstoß zu nehmen. Die Ambivalenz der christlichen Parteien in Sachen

Lebensschutz und Familie hat ihnen von einem Bischof die Aufforderung eingetragen, doch das „C“ abzulegen.

Die großen Organisationen wie die Vereinten Nationen und das Europäische Parlament sind noch immer von der feministischen Ideologie beherrscht und verabschieden Deklarationen, die bewirken sollen, dass alle Frauen dieser Erde ab der Geschlechtsreife ein „Recht“ auf Abtreibung haben. (Am 3. Juli 2002 beschloss das Europa-Parlament, dass „Abtreibung legal, sicher und für alle zugänglich sein soll“.)

Der Staatsrechtler Professor Kirchhof sagt: „Der Zusammenhalt des Staates wird zerstört, wenn die Sicherungsfunktion der Familie entbehrlich erscheint: Ohne Familie gibt es keine wirksame Erziehung, ohne Erziehung keine Persönlichkeit, ohne Persönlichkeit keine Freiheit.“

Es gibt keinen Zweifel: Nicht nur die individuelle, sondern die gesellschaftliche Existenz ruht auf der Familie. Familie gelingt nur, wenn Mann und Frau eine unverbrüchliche, lebendige Einheit bilden und dadurch fähig werden, Vater und Mutter zu sein. Wenn sich die Frau vom Mann ganz angenommen und geschützt fühlt, kann sie sich als Frau entfalten, sei es als Mutter, sei es im Beruf. Und nur wenn die Frau dem Mann dient, ihn achtet und ihn stärkt, wird er sich von der Frau dazu führen lassen, seine Kräfte in den Dienst des Lebens zu stellen.

Wir Frauen sind aufgerufen, da wo wir sind, gemäß unseren Möglichkeiten und unserer Berufung lebenstragende Strukturen zu schaffen, beginnend in der eigenen Familie. Kinder aus gesunden Familien werden die Elite der Zukunft sein. Eine intakte

Familie, zukunftsmutige Kinder, sind keine Privatsache, sondern der wesentlichste Beitrag, den eine Frau für das Allgemeinwohl leisten kann.

In der Erkenntnis, dass es die spezifisch weiblichen Fähigkeiten sind, mit denen eine „Kultur des Lebens" aufgebaut werden kann, sind wir Frauen aufgerufen, unseren Einfluss geltend zu machen und die sozialen Strukturen, in denen wir leben und arbeiten, zu humanisieren. Je größer der Einfluss von Frauen auf Politik und Gesellschaft, um so besser – unter einer Voraussetzung: dass sie ihre Weiblichkeit nicht verraten.

Das Zweite Vatikanische Konzil sagte in seiner Schlussbotschaft 1966, also zu einer Zeit, als die zerstörerische Ideologie des Feminismus gerade erst begann, in der Gesellschaft Fuß zu fassen: „Die Stunde wird kommen, ja sie ist schon da, in der die Berufung der Frau sich in Fülle vollendet, die Stunde, in der die Frau in unseren Gemeinwesen zu bisher unerreichtem Einfluss, Strahlkraft und Macht gelangt. Darum können die vom Geist des Evangeliums durchdrungenen Frauen in dieser Zeit, wo die Menschheit eine so tiefgreifende Veränderung erfährt, so viel tun, um der Menschheit zu helfen, dass sie nicht fehlgeht."

Sie ist fehl gegangen und geht weiter fehl. Es gibt nur eine einzige Antwort, und die heißt Umkehr. Umkehr zu Gott. Wie tief das Tal sein wird, das wir durchschreiten müssen, wissen wir nicht. Aber wir wissen, dass auf die Kreuzigung die Auferstehung folgt. Jesus Christus hat sein Blut nicht umsonst vergossen und wird vollenden, was er begonnen hat.

In dieser Zeit der tiefgreifenden Veränderung, die sich nicht ohne Not und Chaos vollziehen wird, kommt alles darauf an, hellhörig zu werden für den Willen Gottes. Die weiblichen Qualitäten der Frau prädestinieren sie dafür ganz besonders. Daher hat sie die Aufgabe, die Menschen, die ihr anvertraut sind, in eine lebendige Beziehung zu Gott mit hinein zu nehmen.

Jesus sagt: „Es werden Zeichen sichtbar werden an Sonne, Mond und Sternen und auf der Erde werden die Völker bestürzt und ratlos sein über das Toben und Donnern des Meeres. Die Menschen werden vor Angst vergehen in der Erwartung der Dinge, die über die Erde kommen; denn die Kräfte des Himmels werden erschüttert werden. Dann wird man den Menschensohn mit großer Macht und Herrlichkeit auf einer Wolke kommen sehen. Wenn all das beginnt, dann richtet euch auf und erhebt eure Häupter, denn eure Erlösung ist nahe." (Lk 21, 25-27)

Flüchten wir uns unter den Schutzmantel unserer Mutter Maria. Das Wesen der Jungfrau Maria, ihre Aufgabe und Sendung war und ist die Mutterschaft., zunächst die leibliche Mutterschaft ihres Sohnes Jesu Christi, bis hin zur geistigen Mutterschaft aller Menschen, die ihr Jesus vom Kreuz herab übertragen hat. Die vollkommene Erfüllung dieser Berufung hat sie zur Königin des Himmels gemacht.

Verbinden wir uns mit ihrem Kampf gegen das Böse. Sie ist es, die der Schlange den Kopf zertritt durch jeden von uns, der dem Bösen widersagt und bereit ist, in ihren Händen zum Instrument der Liebe und des Friedens zu werden.

Ihr unbeflecktes Herz wird triumphieren.

Die Beichte – Angelpunkt katholischer Spiritualität

Juni 2002

Lieber Jesus Christus,
mein Herr, mein Erlöser, mein Freund,

hier vor dem Tabernakel will ich Dir danken. Das Ewige Licht brennt als Zeichen dafür, dass Du gegenwärtig bist. Mein Verstand versagt angesichts der Größe des Wunders, aber mein Herz sagt: Es ist wahr. So oft beschenkst Du mich, seit Du mir Dein Fleisch zu essen und Dein Blut zu trinken gibst mit zartester Liebe, stellst mich ins Lot, wenn ich mich zu Dir in die Kirche flüchte. Zu Füßen Deiner Mutter brennt jetzt eine Kerze. Sie hält mir ihre geöffneten Hände entgegen und sagt mit dieser Geste: Nimm, nimm die Gnade, von der ich voll bin. Ich will jeden beschenken, der mich darum bittet.

Ich bin hier, Jesus, um Dir zu danken für das Sakrament der Beichte. Es ist der Angelpunkt des Weges der Umkehr, auf den Du uns rufst vom ersten bis zum letzten Augenblick Deiner Mission unter uns Menschen. Ich habe mich von Dir zur Umkehr rufen lassen, habe mich zu Dir bekehrt und für die Gnaden geöffnet, die Du in Deiner Kirche schenkst. Du hast den Weg mit Dir nur aufleuchten lassen. Einschlagen musste ich ihn selber.

Der Anfang waren Tränen, so viel Tränen, dass Johannes mich darin hätte taufen können. Es sind Tränen, die den Weg für den Herrn bereiten.

Solange man weint, weiß man nicht und glaubt nicht, was der Psalm verheißt: "Die mit Tränen säen, werden mit Jubel ernten." (Psalm 126, 5) Johannes hüpfte vor Freude, als er Dich von Dunkelheit zu Dunkelheit erkannte. Beide wart Ihr noch im Leib Eurer Mutter. Johannes war sechs Monate älter als Du, Du noch in einem Alter, in dem die Kinder heute getötet werden dürfen und millionenfach getötet werden. Von da an wusste Johannes, wozu er gesandt war, um Dir, dem Höchsten, den Weg zu bereiten. Er sollte das Volk *mit der Erfahrung des Heils beschenken in der Vergebung der Sünden.*

Weil ich diese Erfahrung mache, deswegen bin ich hier und will Dir danken.

Ja, Herr, ich erfahre Dein Heil in der Vergebung der Sünden. Wozu Du Deine Apostel bevollmächtigt hast, das hat Johannes bereits im Vorgriff getan, wenn auch mit Wasser, noch nicht mit dem Heiligen Geist. Er nährte sich von Heuschrecken und wildem Honig, so dass sein Fleisch in feurigen Geist verwandelt wurde, mit dem er die Menschen aus ihrer Verblendung riss.

Alles, was Du einmal getan hast, gilt für immer, ist Teil der göttlichen Prägung des Menschenlebens. Johannes der Täufer geht Dir voraus, das heißt, der Weg zu Dir und mit Dir beginnt mit der Buße. Keiner soll glauben, er sei über dieses Gesetz erhaben, denn Du selbst hast Dich unter die Sünder eingereiht und Dich von Johannes taufen lassen.

Wie sehr hat es mir geholfen, dass Du sagst: „Denn ich bin gekommen, die Sünder zu rufen, nicht die Gerechten.“ (Mt 9, 13) Und: „Ebenso wird im Himmel mehr Freude herrschen über einen einzigen Sünder, der umkehrt, als über neunundneunzig Gerechte, die es nicht nötig haben, umzukehren.“ (Lk 15, 7) Es kann nicht anders sein, denn wenn wir Menschen nicht in der Sünde gefangen wären, wenn wir uns selbst daraus befreien könnten, hättest Du nicht Mensch zu werden brauchen.

Als ich anfing zu beten, kam das Wort Sünde noch nicht in meinem Sprachschatz vor. Ich hätte gern gebetet: „Heilige Maria Muttergottes, bitte für uns – jetzt und in der Stunde unseres Todes.“ Aber nach und nach begannen meine Sünden im Licht des Gebetes Schatten zu werfen. Ich begann zu fühlen, wie sehr sie mich von Dir trennten. Wie nötig und wie trostreich war es da, von Dir zu hören, dass ich zu Dir kommen darf, wie ich bin, dass Du mir meine Lasten abnimmst, dass es wieder gut werden kann, obwohl die Vergangenheit nicht mit Gutem schwanger geht, nur die Zukunft. Dass Du mich liebst – mich, jetzt, in jedem Augenblick.

Lange war es schwer, das zu glauben. Ich habe es als Arbeitshypothese angenommen, so gut es ging. Tief in meiner Seele ist doch die Erfahrung eingekerbt, dass mir Menschen ihre Liebe entziehen, wenn ich nicht tue, was sie für gut und richtig halten. Auch ich habe so gehandelt gegenüber meinen Kindern und mühe mich noch heute, die Einsicht Wirklichkeit werden zu lassen. Bedingungslos lieben – nur Du kannst mich das lehren, weil Du es selber tust.

Das erste Wort, das Du uns Menschen sagst, nachdem Du Satan in der Wüste standgehalten hast, ist: „Kehrt um und glaubt an das Evangelium."

Die ganze Bibel ist ein einziger Ruf zur Umkehr, ein Werben Gottes um den Menschen, nachdem die ersten Menschen sich von der Schlange verblenden ließen. „Nein, ihr werdet nicht sterben", lügt sie frech. „Ihr werdet sein wie Gott." Das tödliche Gift dieser Sehnsucht wirkt fort und fort und treibt heute die Menschheit über Grenzen, die das Herz erzittern lassen. Mit satanischem Hochmut greift der kalte Verstand nach dem Geheimnis des Lebens.

Wirst Du uns auch das noch verzeihen können, Jesus, dass wir keimendes Leben töten, damit altes Leben älter wird, dass wir im Begriff sind, zu Kannibalen zu werden? Wirst Du uns verzeihen, dass wir den Menschen, der in Gottes Hand eingeschrieben ist, nach unserem Gutdünken genetisch „verbessern" wollen, dass wir also besser sein wollen als Gott? Du wirst es verzeihen, aber es bittet Dich niemand darum. Bewahre uns, Herr, bewahre uns vor den rasenden Begierden von Menschen, die von Dir nichts wissen und nichts wissen wollen, deren Ohr und deren Herz voll ist mit dem Gift der Schlange: „Ihr werdet sein wie Gott", so dass sie Deinen Ruf zur Umkehr nicht hören.

Ach, was hast Du uns aufgebürdet mit der Freiheit, die Du uns geschenkt hast! Wir sind nicht reif dafür, Herr, Du weißt es. Wir können die ewigen Folgen unseres Handelns gar nicht ermessen, weil wir kein Sensorium haben für die Ewigkeit. Ewiges Leben oder ewige Verdammnis.

Du hast uns Menschen geschaffen, damit wir nach diesem Leben in die ewige Liebesgemeinschaft mir Dir eintreten – in freier Hinwendung zu Dir.

Wie konntest Du ein solches Risiko mit uns eingehen? Beten lehrst Du uns: *Geheiligt werde Dein Name, Dein Reich komme, Dein Wille geschehe,* aber Du machst keinen kleinsten Abstrich an unserer Freiheit. Du willst, dass wir an Dich glauben, auf Dich hoffen, Dich lieben. Zwang ist eine Säure, in der Glaube, Hoffnung und Liebe zerfallen.

Aber sieh, Herr, sieh, der Fürst dieser Welt schleift die Bastionen, eine Grenze nach der anderen fällt, die Kinder, die Jugendlichen wissen nichts mehr von Dir. Erbarmen sie Dich nicht?

Ich hebe die Augen zum Kreuz, das über dem Tabernakel hängt. Deine Arme sind weit geöffnet, Dein Haupt ist voller Erbarmen geneigt zu jedem, der zu Dir aufblickt. *Freiwillig* hast Du Dich dem Leiden unterzogen. Du wusstest, was kommt, als Du den Weg nach Jerusalem hinaufgingst. Du hast es Deinen Jüngern angekündigt. Niemals hast Du jemanden schärfer zurückgewiesen als Petrus, der Dich vor dem Leiden bewahren wollte: „Weg mit dir, Satan, geh mir aus den Augen! Du willst mich zu Fall bringen; denn du hast nicht das im Sinn, was Gott will, sondern was die Menschen wollen.“ (Mt 16, 23) Du hattest Angst vor der Marter, so sehr, dass Du Blut geschwitzt hast. Doch hast Du Dich im Gehorsam in den Willen des Vaters gefügt.

Wir denken heute, Gehorsam sei ein Feind der Freiheit, dabei ist er ein Akt der Freiheit. Ohne Freiheit wäre es kein Gehorsam, sondern ein Sich-Beugen unter tyrannischen Zwang.

Warum? Warum war es der Wille Deines Vaters und Dein Wille, für uns zu leiden? Was hat Dir die Kraft gegeben, den Pfahl, an den Du angenagelt werden würdest, selbst nach Golgatha hinaufzutragen? Welcher Wille hat Dich getrieben, Dich dreimal wieder aufzuraffen, um Dich auf den Balken zu legen und Dir Nägel durch Hände und Füße treiben zu lassen?

Wir hören die Antwort in jeder Heiligen Messe:

„DAS IST DER KELCH DES NEUEN UND EWIGEN BUNDES, MEIN BLUT, DAS FÜR EUCH UND FÜR ALLE VERGOSSEN WIRD ZUR VERGEBUNG DER SÜNDEN."

Wieder und wieder höre ich die Worte und stoße an das Geheimnis des Glaubens. Nur so viel verstehe ich: Wir sündigen, weil wir nicht leiden wollen. Nicht zu sündigen, würde unserem Ego irgendeine Art von Opfer abverlangen. So liegt jeder Sünde eine Rebellion des Egos gegen Gott zugrunde. Du, der Du Gott bist, wiegst die Rebellion durch Gehorsam und Leiden auf. Du, der Du Gott bist, nimmst die Begrenztheit des Menschseins auf Dich und opferst Dich selbst, unerschöpflich in Deiner Gottheit, leidend, wie irgendein Mensch, in Deiner Menschheit. Für uns, für alle, für mich tust Du das.

Alles, was Gott schenkt, kommt aus seinem göttlichen Überfluss. Aber Dein menschlicher Körper ist einmalig, begrenzt, leidensfähig, ist kein Überfluss. Ich hätte die äußerste Radikalität Deiner Liebe nicht erkennen können, wenn Du nicht Mensch geworden wärest. Dass ich geliebt werde, erweist sich mir an der Größe des Opfers, das ein anderer für mich zu bringen bereit ist einfach nur deswegen, weil er mich liebt.

Du sagst: „Es gibt keine größere Liebe, als wenn einer sein Leben für seine Freunde hingibt". (Joh 15, 13) Nur indem Du in die Begrenztheit und Leidensfähigkeit des Menschen eingetreten bist, konntest Du für uns leiden. Es sind keine hohlen Verheißungen, die Du uns gibst.

Du hast gesehen, wir schaffen es nicht, uns der Sündendynamik zu entwinden, die von unseren Stammeltern in Gang gesetzt wurde. Immer größer wird der Schuldenberg Deines auserwählten Volkes, dem sich Gott offenbart hat, um es zu lehren, wie es handeln und wie es nicht handeln soll, *damit es ihm wohl ergehe auf Erden.* Was, wenn nicht erbarmende Liebe, könnte Dich bewogen haben, uns Menschen gleich zu werden in allem außer der Sünde?

Du hast unsere Schulden beglichen, die der Vergangenheit und die der Zukunft, hast ein unerschöpfliches Kapital hinterlegt. Warum ist kein Himmel auf Erden? Warum sind wir – so scheint es – weiter davon entfernt als je zuvor in der Menschheitsgeschichte? Denn es gibt nicht nur eine Globalisierung der Wirtschaft und Information, es gibt, damit einhergehend, eine Globalisierung der Sünde.

Dein Stellvertreter, Papst Pius XII, sagte 1946: „Die Sünde des Jahrhunderts ist der Verlust des Bewusstseins von Sünde."

Auch in mir war dieses Bewusstsein lange verloren. Die Zeit rief mir zu: Befriedige deine Bedürfnisse, du hast ein Recht darauf! Andere sind schuld, wenn es dir schlecht geht, vor allem deine Eltern – als wäre die Sündenkette meines Familiensystems bei mir zum Stillstand gekommen.

Das konnte nur zur Ent-Täuschung führen. Du hast mir, dafür danke ich Dir, nicht gestattet, mich in der Täuschung häuslich einzurichten, etwa dadurch dass Du mir am falschen Ort oder zur falschen Zeit Erfolg beschieden hättest.

In dieser Zeit der Sündenvergessenheit gab es einen erbarmungslosen Ankläger in mir. Weder konnte ich ihm richtig zuhören noch konnte ich ihn zum Schweigen bringen. Er steckt hinter den Ängsten und Depressionen, unter denen immer mehr Menschen leiden. Schon damals, noch bevor ich ein Ave sprechen konnte, flüchtete ich mich in ein Marienkapellchen, um Trost zu suchen mitten in der unerkannten Schuld. Später erfuhr ich dann, dass Deine Mutter am Thron des Vaters beständig für uns betet, während Satan uns unablässig anklagt. Was hätte ich tun können mit meiner Schuld, wenn ich sie erkannt hätte? So verbarg sie sich im Halbdunkel eines ungeläuterten Gewissens.

Dein Freund, Romano Guardini, hat einen Satz gesagt, der mir immer im Gedächtnis ist: „Nach der Logik des Bösen setzt sich die Sünde in Verblendung um, diese wird wieder zur Sünde und die neue Sünde verblendet noch mehr."

Das ist eine furchtbare Logik, eine Spirale, die in den Abgrund führt. Auf der glänzenden Vorderseite wird die immer perversere Sünde als Spaß verkauft und durch Gesetze legitimiert. Die Folgen sind zerschlagene Familien, Einsamkeit, Angst, Armut und Depression; dazwischen ist ein Vorhang der Verblendung, der uns nicht sehen lässt, dass das eine die Ursache des anderen ist.

Du rufst uns in die Spirale, die nach oben führt. Sie lautet: *Nach der Logik des Guten setzt sich Tugend in Erkenntnis um, diese wird wieder zur Tugend und die neue Tugend erweitert die Erkenntnis noch mehr.*

Zwischen der einen und der anderen liegt der Graben der Freiheit.

Wie groß muss das Leiden werden, damit der Vorhang der Verblendung zerreißt? Er kann nicht zerreißen, solange wir Dein erbarmendes Antlitz nicht sehen, und wir sehen Dein Antlitz nicht, solange er nicht zerreißt.

Hast Du deswegen vom Kreuz herab zu Deiner Mutter gesagt: „Siehe, dein Sohn", und zu Johannes: „Siehe, deine Mutter", damit wir einen Ausweg finden aus diesem Dilemma? In der Tiefe unserer Seele wissen wir, dass wir uns eines Tages vor Dir verantworten müssen, wie weit wir auch vor Dir fliehen mögen. Und in der Tiefe unserer Seele wissen wir auch, dass die Mutter nicht richtet. Sie schenkt das Leben, sie nährt, sie hegt, sie fördert. Du sagst uns zwar Deine Barmherzigkeit zu, kleidest den verlorenen Sohn, der zu Dir zurückkehrt, in ein Festgewand. Aber Du bleibst doch der Richter, sitzend zur Rechten Gottes, von wo Du kommen wirst zu richten die Lebenden und die Toten.

Mir geschah es in Medjugorje zu Füßen Deiner Mutter, dass der Vorhang der Verblendung zerriss und eine Flut von Tränen die Sünden meines Lebens ins Bewusstsein spülte. Herzensreue nennen die Väter diese Gnade, die es möglich macht, durch das Tor der Umkehr zu gehen. Bis dahin hatte ich unter den Folgen der Sünden gelitten, ohne zu erkennen, dass ich bei jeder Sünde die von Gott geschenkte Freiheit, mich für das Gute zu entscheiden, in den Wind geschlagen hatte.

An der Schwelle der Kirche stehend, in der Gewissheit, sie bald zu überschreiten, ging ich zu einem Priester, um zu beichten, zum ersten Mal in meinem Leben. Alle Rechtfertigung fiel von mir ab, die mich scheinbar von Schuld entlastet, aber um den tödlichen Preis, mir die Freiheit der Wahl zu verhüllen.

Ich habe die Liebe verletzt.

Ich habe Menschen verletzt.

Ich habe mich verletzt.

Ich habe mich von Dir, o Herr, getrennt.

Ach, hätte ich es doch anders gemacht.

Ich hätte es anders machen können.

Ich will es anders machen.

Hilf mir.

Vergib mir.

Führe mich.

Das Blendwerk des Teufels zersprang und scharfes Licht fiel in den Schacht meines vergangenen Lebens. Ich nahm jede Entscheidung zum Bösen in den Mund, kleidete sie in Worte und spuckte sie aus, Dinge, die bis dahin in der Finsternis des Vergessens verborgen waren.

Schließlich war alles gesagt, und ich hörte die Worte: „Deine Sünden sind dir vergeben."

Dieses Licht war warm und mild. Staunend wurde ich der Leichtigkeit gewahr, die sich unaufhaltsam in Freude verwandelte, in Dankbarkeit, in Zuversicht, in Lebensmut, in Neuanfang, in Jubel.

„Entsündige mich mit Ysop, dann werde ich rein; wasche mich, dann werde ich weißer als Schnee.

Sättige mich mit Entzücken und Freude! Jubeln sollen die Glieder, die du zerschlagen hast." (Psalm 51)

Schon dem Psalmisten hast Du das Geheimnis der Beichte ins Herz und auf die Zunge gelegt, lange bevor Du selbst kamst und in Deiner göttlichen Vollmacht die Sünden vergabst. Deswegen wollten sie Dich töten und haben es wirklich getan. Sie dachten, sie könnten Dich, die Liebe, wegräumen wie einen Verbrecher. Sie ahnten nicht, dass Du auferstehen würdest, dass Du uns durch Dein Leiden und Deine Auferstehung den Himmel öffnest.

„DAS IST DER KELCH DES NEUEN UND EWIGEN BUNDES, MEIN BLUT, DAS FÜR EUCH UND FÜR ALLE VERGOSSEN WIRD ZUR VERGEBUNG DER SÜNDEN."

Die Erste, die Dich sah, nachdem Du aus der Grabeshöhle hervorgetreten bist, war Maria Magdalena. Warum war es nicht Deine Mutter, die so furchtbar mit Dir gelitten hat unter dem Kreuz? Weil alles, alles, was Du tust, uns die Augen öffnen, uns die Gnade schenken soll, damit wir das Ewige Leben erlangen. Für die Sünder bist Du gekommen. Die Sünder rufst Du zur Umkehr. Aus Maria Magdalena hast Du sieben Dämonen ausgetrieben. Sieben Todsünden kennt die Kirche. So groß wie ihre Sünden war ihre Liebe nach der Umkehr. Maria Magdalena ist es, der Du als Erster die Gewissheit Deiner – und ihrer – Auferstehung schenkst.

Thomas hat für uns alle seine Finger in Deine Wunden gelegt. Hunderte haben Dich gesehen. Ich glaube ihrem Zeugnis, denn wenn Du nicht auferstanden wärest, wüssten wir nichts mehr von Dir. Paulus sagt: „Wenn aber Christus nicht auferweckt worden ist, dann ist euer Glaube nutzlos und ihr seid immer noch in euren Sünden." (1 Kor 15, 17)

Noch vierzig Tage bist Du unter den Menschen, schaffst das Fundament Deiner Kirche. Du trittst durch verschlossene Türen zu den Jüngern und sagst: „Der Friede sei mit euch! Wie mich der Vater gesandt hat, so sende ich euch. Nachdem er das gesagt hatte, hauchte er sie an und sprach zu ihnen: Empfangt den Heiligen Geist. Wem ihr die Sünden vergebt, dem sind sie vergeben; wem ihr die Vergebung verweigert, dem ist sie verweigert." (Joh 20, 22-23)

Diese Bevollmächtigung wurde mit lebendigen Händen weitergereicht durch die Jahrtausende, von Bischof zu Bischof und von ihm zu dem Priester, der mir heute in Deinem Namen die Sünden vergibt.

Auf den Jubel der Lebensbeichte folgte Ernüchterung, nicht Enttäuschung. Nein, getäuscht habe ich mich nicht – der Schatz ist im Acker –, aber die Arbeit auf dem Acker währt das ganze Leben. Heilig sind wir nicht mit einem Schlag, und von den Heiligen wissen wir, dass sie bis zu ihrem Lebensende gebeichtet haben.

Wieder tue ich, was ich nicht mehr tun wollte. Auch wird das Netz, mit dem ich nach dem Bösen fische, feiner. Ich bin in der Lehre der Kirche. Sie erzieht und läutert mein Gewissen. Zweitausend Jahre lang hat sie ihre Erkenntnis über das, was gut und böse ist, im wesentlichen nicht geändert, obwohl Könige und Tyrannen und der tyrannische Zeitgeist sie in allen Jahrhunderten dazu drängten. Immer noch hält sie an den Zehn Geboten fest, auf die Gott sein Volk verpflichtet hat.

Wie in Greenwich das Maß der Zeit und in Paris das goldene Urmaß der Länge, so wird in der Kirche das Maß für Gut und Böse bewahrt. Wie wohl erginge es uns auf dieser Erde, wenn wir uns daran hielten.

Das Gewissen wird empfindlicher mit der regelmäßigen Beichte bei einem festen Beichtvater. Es tut weh, wenn ich mich durch meine Schuld von Dir entferne. Selbstvertrauen und Hoffnung schrumpfen dann wie ein Luftballon, in den ein Loch gestochen wurde. Aber ich weiß und lerne: Das willst Du nicht, immer ist da die Zusage Deiner Barmherzigkeit. Nicht die Sünde ist schlimm, sondern die *unerkannte Sünde*. Immer wieder erfahre ich Dein Heil in der Vergebung der Sünden.

Zu Schwester Faustine hast Du gesagt: „Jedesmal wenn du zur heiligen Beichte gehst, tauche mit großem Vertrauen ganz in Meiner Barmherzigkeit unter, damit Ich über Deine Seele die Fülle Meiner Gnaden ergießen kann. Wenn du zur Beichte kommst, wisse, dass Ich Selbst im Beichtstuhl auf dich warte. Ich verhülle Mich nur mit dem Priester, aber in der Seele wirke Ich Selbst. Hier begegnet das Elend der Seele dem Gott der Barmherzigkeit. Sage den Seelen, dass sie aus dieser Quelle der Barmherzigkeit nur mit dem Gefäß des Vertrauens schöpfen können.

Wenn ihr Vertrauen groß ist, ist Meine Freigebigkeit grenzenlos." (Tagebuch, S. 475)

Ich habe mir das Versprechen gegeben, das zu sagen, wofür ich mich schäme. Oft heftet sich die Scham an scheinbare Kleinigkeiten, aus deren Wurzel immer neues Unkraut sprießt. Ich will, dass Dein Licht in jede Ecke meines Hauses leuchtet; dass es den abgekapselten Schmerz längst vergangener Erfahrungen auflöst; dass sich in Deiner Liebe neue Möglichkeiten für die falschen Konsequenzen aus mangelnder Liebe öffnen. So werde ich mir ganz vertraut und schaffe Raum für Dich. Du verurteilst mich nicht, Du entziehst mir nicht Deine Liebe. Und der Beichtvater tut es auch nicht. Er sagt: „Der Heilige Geist ist gründlich. Und er vollendet." Er.

So sind einige Jahre vergangen seit der ersten großen Lebensbeichte. Trotz regelmäßiger Beichte, trotz Gebet, trotz häufiger Stärkung durch die Eucharistie trug ich eine Last mit mir herum, die Ängste erzeugte, ohne dass der Auslöser der Angst erkennbar gewesen wäre. Ich nahm sie als Zeichen eines noch immer dürftigen Glaubens und mangelnden Vertrauens.

Schließlich kam ich zu einem Priester, der wusste: Wir tragen nicht nur an den Folgen unserer eigenen Sünden, sondern auch an denen unserer Vorfahren.

Die Israeliten waren sich dessen wohl bewusst: „Die, die ihrer Abstammung nach Israeliten waren, sonderten sich von allen Fremden ab; sie traten vor und bekannten ihre Sünden und die Vergehen ihrer Väter." (Neh 9, 2)

„Auch jetzt treffen mich zu Recht deine harten Strafen, die du über mich kommen lässt wegen meiner und meiner Väter Sünden. Denn wir haben deine Gebote nicht gehalten und haben den Weg deiner Wahrheit verlassen." (Tob 3, 5)

„Unsere Väter haben gesündigt; sie sind nicht mehr. Wir müssen ihre Sünden tragen." (Klgl 5, 7)

Aber Du, Herr Jesus Christus, willst uns von allen Lasten befreien, willst uns entbinden aus der ererbten Schuld. Wie können in der Beichte stellvertretend für unsere Vorfahren um Verzeihung bitten, und Du gewährst sie. Du selbst bist ja der große Stellvertreter für uns und für alle.

Der Priester – vom Papst über den Bischof dazu bevollmächtigt – bat Gott in Deinem Namen stellvertretend um Verzeihung für die Übertretung der Zehn Gebote durch meine Ahnen. Alles, was ich wusste, sprach ich aus. Alles, was ich nicht wusste, legte der Priester in sein Gebet. Den Bruch jedes einzelnen Gebotes führte er Dir vor Augen. Seither trage ich nicht mehr unfreiwillig fremde Lasten. Die Ängste sind gewichen, um wachsender Lebensfreude Platz zu machen.

Ich beginne zu ahnen, was Du uns mit dem Sakrament der Beichte geschenkt hast: Durch das Prinzip der Stellvertretung könnten sich die Völker von der Schuld ihrer Vorfahren befreien. Wir, wir Deutschen, könnten frei werden von der himmelschreienden Schuld unserer Vorfahren, wenn wir nur erbitten wollten, was Du uns am Kreuz erworben hast. Wir würden frei, um die Bestimmung zu erfüllen, die Du für uns, für jedes Volk, vorhersiehst.

Danke, Herr, dass Du uns Heilung schenkst, denn ohne Heilung wären wir untauglich für die Arbeit in Deinem Weinberg. Die Veränderung, die Heilung vollzieht sich beinahe heimlich, dem eigenen Bewusstsein und Urteil verborgen. Sie geschieht in völliger Freiheit in der Beziehung zu Dir. Je näher wir Dir kommen, um so mehr kommen wir zu uns selbst. Es ist wie eine Bergwanderung im Nebel. Die Augen tasten am Boden nach dem nächsten festen Stein, auf dem der Fuß Halt findet. Plötzlich reißt der Himmel auf, und wir sehen hinunter ins Tal, aus dem wir kommen.

Danke, Jesus, mein Herr, mein Erlöser, mein Freund.

Von der Hoffnung, die uns trägt

Eröffnungsvortrag
bei der Theologischen Sommerakademie in Dießen

11. September 2002

Heute vor einem Jahr saßen die meisten von uns vor dem Fernseher und sahen zu, wie Flugzeuge in die Zwillingstürme des World Trade Centers flogen und sie zum Einsturz brachten. Tausende von Menschen wurden darunter begraben. Das Symbol für die haushohe Überlegenheit Amerikas über den Rest der Welt brach in sich zusammen.

Eine merkwürdige Gefühlstaubheit machte sich damals in mir breit, so als wären durch dieses Ereignis Töne angeschlagen, für deren Volumen keine Sensoren da sind. Klamme, bange Gewissheit ergriff die Menschen: Das ist ein Fanal unausweichlichen Unheils für die ganze Menschheit.

Die Nation, die in ihrem von Habgier entstellten Herzen getroffen war, warf neue Sprachschöpfungen in die Arena der öffentlichen Meinung, um die Welt davon zu überzeugen, dass Amerika gut sei und alle Staaten, die sich gegen die Hegemonie Amerikas wehren, „Schurkenstaaten" seien, vereint zu einer „Achse des Bösen", die mit Krieg in die Knie gezwungen werden könne und müsse und dürfe.

Ist das so?

Am 4. September 2002 ging der Weltgipfel für nachhaltige

Entwicklung in Johannesburg zu Ende. Angesichts der verheerenden Flut- und Dürrekatastrophen rund um den Globus zweifelt niemand mehr daran, dass das Abfackeln der fossilen Brennstoffe, die die Erde in Millionen Jahren geschaffen hat, die Klimakatastrophe herbeiführt. Würden die Führer dieser Erde in Johannesburg den Weg der Umkehr antreten?

Nein, sie tun es nicht. Im Gegenteil. Sie setzen ihre ganze politische Manipulationsmacht dafür ein, dass ihre schönen Worte nicht greifen können. George Bush ist erst gar nicht nach Johannesburg gekommen; dafür hat er 300 seiner Leute geschickt, um dafür zu sorgen, dass es zu keinen Beschlüssen kommt, die die Interessen der multinationalen Konzerne tangieren.

Die Klimaveränderung ist nur ein Faktor, der unvorstellbare Katastrophen über die Erde bringen wird. Keiner der lebensbedrohenden Entwicklungen wurden verbindliche Schranken gesetzt: sei es der weiteren Verelendung der Entwicklungsländer, der Abholzung der Regenwälder, dem rasanten Aussterben von Pflanzen- und Tierarten, der Zerstörung der Meere, der Verbreitung von Giftstoffen, der genetischen Manipulation und Kontrolle der gesamten Nahrungskette. Die Lebensbasis auf dieser Erde, die Zukunft nicht nur der kommenden Generationen, sondern der jetzt lebenden – alles, alles wird geopfert, weil die Reichen und Mächtigen ihre Macht und ihren Reichtum benutzen, um noch reicher und noch mächtiger zu werden. Es liegt in der Dynamik dieses Prozesses, dass die Gruppe derer, die wirklich die Macht in Händen hält – und das sind gewiss nicht die politischen Führer – immer kleiner wird.

Auf der Homepage von Greenpeace ist das Ergebnis von Johannesburg in einem einfachen Bild zusammengefasst. Über dem blauen Planeten klebt ein Schild, darauf steht: *Sold!* – „Verkauft". Wer ist der Käufer? Darf man das eigentlich fragen?

Die Hoffnung, die zwar nicht im Verstand, aber doch im Herzen immer noch glimmt, dass die Reichen und Mächtigen dieser Welt umkehren könnten, weil die Zukunft der Erde auch ihre eigene Zukunft ist, dieser Funke der Hoffnung wurde in Johannesburg ausgetreten.

Die globale ökologische Entwicklung heißt: Naturkatastrophen, Wüste, Verelendung. Die Flut des Sommers 2002, voreilig als „Jahrhundertflut" bezeichnet, hat im reichen Deutschland die Illusion geschwächt, dass die Klimakatastrophe woanders stattfinden wird.

Welchen Bereich der Gesellschaft wir auch anschauen, wir stehen vor Problemen, die wir menschlich nicht mehr lösen können: rapides Vergreisen der Industrieländer, Verarmung immer größerer Bevölkerungsteile auch innerhalb der reichen Länder, wachsende Arbeitslosigkeit, Bildungsverfall und – vielleicht das sicherste Zeichen für den Untergang einer Zivilisation – die sittliche Verwahrlosung.

Ein Indiz für den Untergang einer Kultur ist die öffentliche Gutheißung der Homosexualität. Frühere Hochkulturen wurden von jungen, kraftvollen Völkern abgelöst.

Das Einzigartige an unserer Zeit ist, dass der globale Raubtierkapitalismus im Verein mit den globalisierten Medien die gesamte Welt verschlingt und dass mittlerweile alle Völker der materialistischen Versuchung anheim gefallen sind. Auch die 1,3 Milliarden Chinesen wollen jeder ein eigenes Auto und alle übrigen Wohlstandsgüter, die wir nur deswegen haben, weil der größere Teil der Weltbevölkerung keinen Zugang zu wirtschaftlichen Ressourcen, zu sauberem Trinkwasser, zu Elektrizität, zu medizinischer Versorgung oder zu Bildungseinrichtungen hat.

Sehe ich nur schwarz, wo ich auch hell sehen könnte? Sehen Sie ein *menschliches* Hoffnungslicht, das die Konvergenz der katastrophalen Entwicklungen aufhalten könnte? Greenpeace oder Attac, die Organisation der Globalisierungsgegner, oder die neuen christlichen Bewegungen? Spricht etwas dafür, daran zu glauben, dass Gott den Wüsten gebieten wird, in ihren Grenzen zu bleiben, den Flüssen, ihre betonierten Betten nicht zu übersteigen, der Luft, keine Orkane zu erzeugen, den Bakterien und Viren, keine Seuchen zu verbreiten, und dem Fernsehen und Internet, nicht die Jauche der Pornographie über der Welt auszugießen – *ohne dass die Menschen umkehren*? Was meinen wir, wenn wir rufen: „Herr, erbarme dich!“? Bitten wir Gott vielleicht darum, uns die Konsequenzen der globalisierten Sünde zu ersparen?

Sittenverfall geht immer einher mit Glaubensverfall, hat darin seine Hauptursache. Wo es keinen Gott gibt, gibt es auch keinen Maßstab für die Sünde und der Begriff verschwindet aus der Sprache. In das Vakuum ziehen Götzen ein. An über hundert Stellen warnt die Heilige Schrift den Menschen vor den Götzen, denn „sie werden ihm zur Falle“, wie es im Psalm heißt.

Was sind die Götzen unserer Zeit?

Das Geld, die Technik, das Auto, die Jugend. Götze heißt: Ein lebloses, menschengemachtes, vergängliches Ding wird angebetet wie Gott und es werden ihm Opfer dargebracht. Götze kann auch heißen: Etwas Gottgegebenes wird zum Ding entwürdigt und angebetet.

Die Verheißung des Geldes lautet: Du kannst haben, was du willst. Ihm opfern wir die ganze Welt – wie gerade in Johannesburg geschehen.

Die Verheißung der Technik lautet: Du wirst von der Arbeit befreit. Dafür opfern wir die Natur und werden selbst zum Sklaven der Technik. Befreiung von Arbeit pervertiert zur Not der Arbeitslosigkeit.

Die Verheißung des Autos lautet: Freiheit, die freie, mühelose Bewegung im Raum. Wir opfern dafür unser Klima und unsere Städte und erleben im Stau an der Stoßstange unseres Vordermannes die Grenzen der Freiheit.

Die Vergötzung der Jugend schlägt als Vergreisung der Bevölkerung und als Euthanasie zurück.

All das bewährt sich nicht. Jede Nachrichtensendung hält uns den Spiegel vor: Katastrophen, Kriege, Korruption, Verbrechen, namenloses Leid namenloser Menschen auf der ganzen Erde.

Wie kommt es, dass diejenigen, die uns regieren, die die Strukturen der Sünde tragen und rechtfertigen, überhaupt noch Autorität haben? Die Antwort ist: Wir sind alle verstrickt. Tag für Tag in diesen Spiegel zu schauen, erzeugt Ohnmacht, nicht den Schrei nach Umkehr.

Was *tun* die Menschen, die die Hoffnung *in* der Welt suchen und dort nicht finden?

Sie schauen nicht hin. Sie lenken sich ab. Das Mittel der Wahl für jedermann, rund um die Uhr frei Haus erhältlich, ist das Fernsehen. Seine Hauptfunktion besteht darin, den Menschen die Sünde, nämlich Ehebruch, Unzucht, Betrug, Lüge, Gewalt und Mord als *normal* zu verkaufen und damit das Gewissen schleichend abzutöten. Menschen, die sich mit den Bildern des Fernsehens vergiften, verlieren das Sensorium für die Stimme Gottes. Der Dialog mit Gott und Unterhaltung mit dem Bösen können nicht gleichzeitig im Herzen stattfinden: entweder oder!

Und wie *geht* es den Menschen, die die Hoffnung *in* der Welt suchen und dort nicht finden?

Angst, Depression, Sinnlosigkeit, innere Leere, Heimatlosigkeit, Einsamkeit, Sucht aller Art, Verlorenheit bis zur Verzweiflung – das ist der Preis, den nicht alle, aber Millionen unserer Brüder und Schwestern dafür zahlen, dass sie Gott vergessen haben und sich von denen verführen lassen, die sein wollen wie Gott. Dieser innere Zustand der Verlorenheit greift bei Kindern und Jugendlichen immer mehr um sich.

Alle Philosophien, die die Hoffnung der Menschen entzündeten, sie könnten aus *eigener Kraft* eine bessere Welt schaffen, sind in sich zusammengefallen oder unter Leichenbergen begraben.

Der Glaube der Aufklärung, der Mensch wäre mittels der Vernunft in der Lage, zu einem immer besseren Leben fortzuschreiten, ist in den Weltkriegen des letzten Jahrhunderts untergegangen.

Der Glaube an den Humanismus ist in den Krematorien der KZs verbrannt.

Der Glaube an die Planbarkeit eines Wirtschaftssystems, das brüderliches Zusammenleben ermöglicht, ist im Stacheldraht der Gulags hängen geblieben.

Der Glaube an das Fortschrittspotenzial von Wissenschaft und Technik geht mit der Zerstörung der Ökologie zugrunde.

Glaubt eigentlich noch jemand, dass all diese Entwicklungen in ein Neues Zeitalter, ein „New Age" münden werden, in dem das Bewusstsein der Menschheit einen wundersamen Sprung macht und wir in holistischer Einheit friedlich die Ressourcen dieser Erde teilen?

Es gibt nur noch eine einzige Lehre, der es um das Wohl des Menschen, ja um sein Heil geht, das ist das Evangelium; und es gibt nur noch einen einzigen Lehrer, der selbst das Wort *ist*, das er lehrt: Jesus Christus.

Und dennoch fallen die Menschen massenhaft vom Glauben ab und lassen sich von Lehren und Lehrern betören, die in ihrem eigenen Namen sprechen. Vor ihnen warnt Jesus. Er sagt: „Ich bin im Namen meines Vaters gekommen, und doch lehnt ihr mich ab. Wenn aber ein anderer in seinem eigenen Namen kommt, dann werdet ihr ihn anerkennen." (Joh 5, 43)

In immer neuen Varianten und Mischungen von Spiritualität, Magie und Psychologie bietet der esoterische Supermarkt den Menschen Wissen und Methoden an, wie sie ihr irdisches Glück mehren können. Auf diesen Wegen habe ich über zwanzig Jahre lang gesucht. Die Hoffnung war, durch irgendeine Anstrengung meinerseits in diesem Leben glücklich zu werden: durch Studium und Befragung des alten chinesischen Weisheitsbuches I Ging; durch zweijährigen Aufenthalt in einer Schule für innere Arbeit nach der Methode von Gurdjieff; durch ein einwöchiges Retreat unter der Anleitung eines Sufi-Meisters; durch psychologische Methoden, in denen ich den verdrängten Schmerz meiner Kindheit wieder erlebte; durch Herausschreien von Wut, um darunter die Liebe zu finden; durch Systemische Familientherapie, um mein Familiensystem so zu ordnen, dass Liebe fließen könnte; durch schamanistische Visionssuche bei viertägigem Fasten allein in der Natur; und schließlich – die letzte Station vor meiner Bekehrung – durch *Darshan* bei einer indischen Frau, von der die Anhänger glauben, sie sei ein *Avatar*, eine göttliche Inkarnation, die dem Menschen göttlichen Segen vermitteln könne.

In der Tatsache, dass alle diese Wege sich als Sackgassen erwiesen, sehe ich heute die gütige Hand Gottes. Es heißt, wer die Wahrheit sucht, findet Gott. Ich habe die Liebe und die Wahrheit aufrichtig, wenn auch auf den Irrwegen unserer Zeit gesucht. Daraus kam die Kraft, immer wieder nein zu sagen, zu erkennen, dass die Enttäuschung eine Befreiung von Täuschung war, und weiter zu suchen. Schließlich, als alles zerbrach, zuletzt auch meine Ehe, wurde ich bereit zu beten.

Eine Nachbarin brachte mir eine „Novene zum Herrn des Himmels und der Erde unter Berufung auf seine eigenen Worte“. Es waren die großen Verheißungen Jesu Christi. Jedes Gebet endete mit dem Fiat: *Siehe ich bin die Magd des Herrn, mir geschehe nach deinem Wort.*

Während des Betens dieser Novene wusste ich plötzlich: Ich werde katholisch. Dieser Entschluss geriet zu keinem Zeitpunkt mehr ins Wanken, was zeigt, dass er ein Geschenk des Himmels war.

Seither sind sechseinhalb Jahre vergangen.

Mein Leben hat sich radikal, von der Wurzel her, zum Guten gewandelt. Meine Lebenssehnsucht, meine Arbeit als Berufung zu erleben, hat sich erfüllt. Ich staune immer noch über den unerschöpflichen Reichtum des katholischen Glaubens und über die frei geschenkte Gnade.

Noch immer suche ich Gott, sehne mich nach seiner Nähe, aber das Suchen ist schon ein Finden in der Erfahrung der Barmherzigkeit des Herrn im Sakrament der Buße und im verborgenen Hochzeitsmahl der Eucharistie. Mehr und mehr wird das Wort Gottes zum unverzichtbaren täglichen Brot und das Gebet zur Voraussetzung gelingenden Alltags.

Aber trotz allem: Die Angst ist noch nicht besiegt. Oft weckt sie mich zu früh aus dem Schlaf.

Darf ein Christ Angst haben?

Auch die Jünger hatten Angst, als sich ein Wirbelsturm erhob, während Jesus seelenruhig auf einem Kissen hinten im Boot schlief. „Sie weckten ihn und riefen: Meister, kümmert es dich nicht, dass wir zugrunde gehen? Da stand er auf, drohte dem Wind und sagte zu dem See: Schweig, sei still! Und der Wind legte sich, und es trat völlige Stille ein. Er sagte zu ihnen: Warum habt ihr solche Angst? Habt ihr noch keinen Glauben?" (Mk 4, 37-41)

Hoffnung und Angst nähren sich aus zwei gegensätzlichen Erwartungen an die Zukunft. Hoffnung ist der Glaube, dass eine gute Lösung möglich ist, wie unüberwindlich die Schwierigkeiten in der Gegenwart auch scheinen mögen. Der Grad der Hoffnung kann von *möglich* über *wahrscheinlich* bis zur *Glaubensgewissheit* reichen. Angst hingegen nährt sich aus der Erwartung, dass in der Zukunft etwas Schlimmes geschehen wird, das unerträglich ist.

Wie können wir angesichts des globalen Siegeszuges des Bösen ohne Angst leben, vielmehr aus der Hoffnung und in Freude?

Die Hoffnung der Christen ist nicht von dieser Welt. Wir bekräftigen sie in jedem Glaubensbekenntnis an Jesus Christus, den Sohn Gottes: „... auferstanden von den Toten, aufgefahren in den Himmel, sitzend zur Rechten Gottes, von wo er kommen wird zu richten die Lebenden und die Toten. ... Ich glaube an die Vergebung der Sünden, die Auferstehung der Toten und das Ewige Leben."

Das ist mehr als Hoffnung, das ist die Glaubensgewissheit, dass der Mensch durch die Gnade Jesu Christi zum ewigen Leben berufen ist und dass die gesamte Schöpfung auf ein Ende und ein Ziel zuläuft: die Wiederkunft Christi in Herrlichkeit, die endgültige Scheidung des Guten vom Bösen im Gericht, und schließlich die Wiederherstellung der verklärten Schöpfung im neuen Jerusalem.

Leider höre ich darüber so gut wie nichts in der Kirche.

Seit meinem Kircheneintritt Anfang 1997 war ich etwa tausendmal in der Heiligen Messe. Ich habe keine Predigt gehört, in welcher der Ernst der einzigartigen historischen Phase, in der wir uns befinden, schonungslos beim Namen genannt und heilsgeschichtlich gedeutet wurde. Ich habe keine Predigt gehört, in der mir unmissverständlich klar gemacht wurde, welch übermenschliche Konsequenz es hat, wie ich meine Gott geschenkte Entscheidungsfreiheit gebrauche: ewige Verdammnis oder ewige Glückseligkeit. Ich habe keine Predigt gehört, in der ich hätte spüren können, dass der Priester die Wiederkunft Christi sehnsuchtsvoll erwartet, und wie könnte er sie dann anders erwarten als *bald*.

Es scheint, als stünde über der Kirchentür, was doch erst auf dem Grab stehen soll: „Ruhe in Frieden."

Seit in der Verkündigung der Kirche in deutschsprachigen Ländern weithin vom Teufel Abschied genommen wurde, kann über letzte Fragen nicht mehr gesprochen werden. Das ganze Drama des Menschseins, das darin besteht, dass Gott und Satan um die Seele jedes einzelnen Menschen kämpfen, fällt in sich zusammen. Wenn wir Menschen wirklich und wahrhaftig in dieses Drama hineingestellt sind, dann ist es eine schwere Unterlassung, wenn die Hirten uns nicht darüber belehren, dass die Weide, auf der wir grasen, an einem Absturz liegt, auf dessen Grund uns der „zweite Tod" erwartet, und dass es Kräfte gibt, die uns mit schmeichelnden Verlockungen in diesen Abgrund stürzen wollen.

Der Herr weist seinen Propheten Ezechiel mit aller Deutlichkeit auf seine Verantwortung hin: „Du aber, Menschensohn, ich gebe dich dem Haus Israel als Wächter; wenn du ein Wort aus meinem Mund hörst, musst du sie vor mir warnen. Wenn ich zu einem, der sich schuldig gemacht hat, sage: Du musst sterben!, und wenn du nicht redest und den Schuldigen nicht warnst, um ihn von seinem Weg abzubringen, dann wird der Schuldige seiner Sünde wegen sterben. *Von dir aber fordere ich Rechenschaft für sein Blut.*" (Ez 33, 7-8)

Diesem Defizit in der Verkündigung entgegen zu wirken, ist Anliegen dieser Tagung. Dafür bin ich dankbar, denn der Mangel schwächt meinen eigenen Glauben. In seinem Buch „Das ewige Reich, Geschichte einer Hoffnung" schreibt der protestantische Kirchenhistoriker Walter Nigg: „Wenn die Christen das Reich aus den Augen verlieren, dann ist es um ihren Glauben geschehen. Solange sie den Glauben an das Reich nicht aufgeben, sind sie unüberwindbar." *

Ich beginne erst, diese Dimension des Glaubens zu entdekken. In jeder Heiligen Messe ruft die Gemeinde dem Priester nach der Wandlung zu: *Deinen Tod, o Herr, verkünden wir, und deine Auferstehung preisen wir, bis du kommst in Herrlichkeit.*

Es ist etwas anderes, das mitzusprechen oder in dieser sehnsuchtsvollen Erwartung wirklich zu leben. Die Kreuzigung lebt in meiner Seele, die Auferstehung. Aber die Wiederkunft Jesu in

* Walter Nigg: „Das ewige Reich, Geschichte einer Hoffnung", S. 217

Herrlichkeit, hier in dieser Welt, für jedermann sichtbar – diese Quelle der Hoffnung muss erst noch sprudeln.

Wie notwendig, wie tröstend sind Menschen, deren Leben ein Zeugnis für diese Hoffnung ist. Eine solche Frau ist mir in meiner Nachbarschaft begegnet. Sie ist Russlanddeutsche und hat unsagbar viel gelitten unter Krieg, Kommunismus, Enteignung von Besitz und Sprache und Kultur. Sie ist heiter, nicht bitter. Durchgetragen hat sie ihr Glaube und die leidenschaftliche Sehnsucht und Erwartung der baldigen Wiederkunft Christi in Herrlichkeit. Ihr Augen leuchteten auf, als sie davon sprach.

Diese Hoffnung ist etwas Großes. „Ja, ich komme bald" ist das letzte Wort Jesu in der Heiligen Schrift, und seither sind zweitausend Jahre vergangen. Immer wieder gab es religiöse Erneuerungsbewegungen, in denen die Hoffnung auf die Wiederkunft des Herrn leidenschaftlich aufflammte.

Walter Nigg schreibt: „Von den Tagen der Propheten bis zur Gegenwart reicht die gespannte Ausschau nach der hereinbrechenden Gottesherrschaft und erweist sich als das große Licht in der Trostlosigkeit menschlichen Daseins. ... Mit beklemmender Bestürzung nimmt man jeweilen das Aufgeben der messianischen Sehnsucht wahr, woraus nichts anderes als ein Versinken in die in sich ruhende Endlichkeit hervorgehen konnte, die den geistigen Tod nach sich zieht. Und welch jubelnde Hoffnung flammte in den Herzen auf, wenn die große Erwartung sich wieder stürmisch erhob und die Menschen einfach mit sich riss." *

* Walter Nigg: „Das ewige Reich, Geschichte einer Hoffnung", S. 7 u. 9

Wer entzündet diese Hoffnung neu in unseren Herzen? Wir bedürfen ihrer so dringend. Wenn das nicht geschieht, könnte es uns gehen wie der Gemeinde von Laodizea, der Christus sagt: „Weil du aber lau bist, weder heiß noch kalt, will ich dich aus meinem Mund ausspeien." (Offb 4, 16)

Die Offenbarung des Johannes will diese Hoffnung in uns wekken. In diesem letzten Buch der Bibel wird uns die Weltgeschichte als Heilsgeschichte aus der Sicht Gottes enthüllt: „Ich bin das Alpha und das Omega, spricht Gott, der Herr, der ist und der war und der kommt, der Herrscher über die ganze Schöpfung." (Offb 1, 8)

Die Bilder der Zerstörung haben eine solche Wucht, dass ich bisher davor zurückgeschreckt bin und die eigentliche Botschaft nicht gehört habe. Exerzitien bei Pater Buob über die Apokalypse haben mir die Augen dafür geöffnet, dass es ein Buch der Hoffnung und der Siegesgewissheit ist, eine detaillierte Enthüllung, durch welche Phasen der Endkampf zwischen Gott und Satan gehen wird und was von den Gläubigen verlangt wird.

Viermal wird Johannes aufgetragen, das, was er hört und sieht, aufzuschreiben. Siebenmal heißt es: „Wer Ohren hat, der höre, was der Geist den Gemeinden sagt. Selig, wer diese prophetischen Worte vorliest und wer sie hört" und: „Selig, wer sich an das hält, was geschrieben ist; denn die Zeit ist nahe." (Offb 1, 3)

Ganz am Schluss geht an Johannes noch einmal der Befehl: „Versiegle dieses Buch mit seinen prophetischen Worten *nicht*! Denn die Zeit ist nahe." (Offb 22, 10) „Diese Worte sind zuverlässig und wahr. Gott, der Herr über den Geist der Propheten, hat seinen Engel gesandt, um seinen Knechten zu zeigen, was bald geschehen muss." (Offb 22, 6)

Es ist also dringend geraten, dass wir unsere Ohren aufmachen für das, was Gott uns durch Johannes heute enthüllen will.

Drei Botschaften sind bei mir angekommen:

Erstens: Gott herrscht uneingeschränkt. Er sitzt auf dem Thron und hält die „Buchrolle", in der alles aufgezeichnet ist, in der Hand. Nur einer darf sie öffnen, das Lamm, das aussieht „wie geschlachtet": Jesus Christus.

Schaut man die Welt an, so könnte man meinen, Gott sei das Heft aus der Hand geglitten. Liest man jedoch die Apokalypse, so leuchtet auf, dass Gott der Herr der Geschichte ist und dass alles Böse letztlich dem ewigen Sieg des Guten dient. Das „Wehe, wehe, wehe", das über die Welt kommt, wird von Gott nicht nur zugelassen, sondern befohlen.

Das wirft die theologische Frage auf, ob Gott, der die Liebe ist, strafen kann.

In meinem Artikel „Kein Friede ohne Umkehr" habe ich andeutungsweise in Frage gestellt, ob wir ganz sicher sein können, dass Gott nicht auch strafen könne, um seine Kinder zur Umkehr zu bewegen. Das hat mir heftige Kritik eingetragen. Aber ich kann mir nicht helfen: Durch die ganze Bibel, durch das Alte und das Neue Testament, zieht sich das Thema der Umkehr durch gottgesandte Leiden. Wenn wir glauben, dass Gott mit diesen Leiden nichts zu tun hat, entmachten wir ihn. Heißt der Weg der Heiligkeit denn nicht, die *ganze* Wirklichkeit – auch das Leiden unter dem Bösen – aus Gottes Hand anzunehmen, wie es Jesus selbst getan hat?

Die zweite, unüberhörbare Botschaft der Offenbarung ist: Es werden Zeiten auf uns zukommen, in denen alles verloren scheint. „Das Tier“ wird ermächtigt, die Weltherrschaft anzutreten. Ihm gelingt es, was niemals zuvor einem Menschen gelungen ist: die Völker der Erde politisch zu einen.

„Und es wurde ihm erlaubt, mit den Heiligen zu kämpfen und sie zu besiegen. Es wurde ihm auch Macht gegeben über alle Stämme, Völker, Sprachen und Nationen. Alle Bewohner der Erde fallen nieder vor ihm: alle, deren Name nicht seit der Erschaffung der Welt eingetragen ist ins Lebensbuch des Lammes, das geschlachtet wurde.“ (Offb 13, 7-8) Alle wurden getötet, „die das Standbild des Tieres nicht anbeten. Die Kleinen und die Großen, die Reichen und die Armen, die Freien und die Sklaven, alle zwang es, auf ihrer rechten Hand oder ihrer Stirn ein Kennzeichen anzubringen. Kaufen und Verkaufen konnte nur, wer das Kennzeichen trug.“ (13, 7-17)

Die dritte Botschaft: Die Offenbarung ist uns geschenkt, damit wir darauf vorbereitet sind. Alles kommt darauf an, dass wir standhaft bleiben. Wir werden nicht *vor* den Stürmen bewahrt, sondern *in* den Stürmen. Leiden und Tod werden uns nicht erspart – so wenig wie den Menschen irgendeiner Zeit –, aber wir werden vor dem „zweiten Tod“ gerettet, der ewigen Verdammnis.

„Wer zur Gefangenschaft bestimmt ist, geht in die Gefangenschaft. Wer mit dem Schwert getötet werden soll, wird mit dem Schwert getötet. Hier muss sich die Standhaftigkeit und die Glaubenstreue der Heiligen bewähren. Und ich sah: Das Lamm stand auf dem Berg Zion, und bei ihm waren hundertvierundvierzigtausend; auf ihrer Stirn trugen sie seinen Namen und den Namen seines Vaters." (Offb 13, 10)

Die Verheißung für die Standhaften ist das Bürgerrecht im Neuen Jerusalem: „Selig, wer sein Gewand wäscht: Er hat Anteil am Baum des Lebens, und er wird durch die Tore in die Stadt eintreten können." (Offb 22, 14), und: „Selig, wer zum Hochzeitsmahl des Lammes eingeladen ist." (Offb 19, 9)

Während ich das schreibe, schaue ich hinaus in einen seidig glänzenden Septemberhimmel. Die Kirche steht im Dorf, die Regale des Edeka-Ladens sind gefüllt, ich habe Geld im Portemonnaie, um zu kaufen, was ich brauche. Ich gehe über die Hügel, schaue auf meine geliebten bayerischen Berge. Wie schön ist die Welt. Sie spricht von Gott. Aber ich schaue auf die Schönheit mit einer Beimischung von Wehmut. Was war das wohl für ein Lebensgefühl, als Freud und Leid nur das Maß des persönlichen Menschenlebens hatten? Wie leben wir mit dem Wissen der Apokalypse? Hätten wir gerne, dass alles so bleibt, so lange wir unsere Schäfchen im Trockenen haben? Bin ich bereit zu leiden, damit die Welt sich neu auf Gott hin ordnen kann?

Pater Buob sagt: „Wer mit Glaubensgewissheit den Herrn erwartet und in Glaubensfreude herbeisehnt, der hat sich die Offenbarung angeeignet."

Er schöpft aus der ewigen Quelle der Hoffnung.

Wie wird sie zum tragenden Fundament meiner Existenz?

Die alles entscheidende Herausforderung ist die Ganzhingabe an Jesus Christus. Kurz nach meinem Kircheneintritt habe ich sie 1997 mit der Marienweihe zum ersten Mal vollzogen. Ich habe es getan, weil ich erkannte, dass dieser Schritt gut und richtig ist. Aber besitze ich mich denn überhaupt, so dass ich mich verschenken kann – mein Herz, meine Seele, meinen Geist, meinen Körper?

Wenn der Akt der Ganzhingabe wirklich vollzogen ist, dann heißt das, dass ich bereit bin, für Christus zu leiden und zu sterben, wann und wie er es will. Der Staat verlangt von Soldaten die Bereitschaft zu sterben. Hat Jesus Christus weniger Anspruch auf uns als der Staat? Pater Rupert Mayer betet:

Herr, wie Du willst, soll mir gescheh'n,
und wie Du willst, so will ich geh'n,
hilf Deinen Willen nur versteh'n.
Herr, wann Du willst, dann ist es Zeit;
und wann du willst, bin ich bereit,
heut und in alle Ewigkeit.
Herr, was Du willst, das neh'm ich hin,
und was Du willst, ist mir Gewinn;
genug, dass ich Dein Eigen bin.
Herr, weil Du's willst, drum ist es gut;
und weil Du's willst, drum hab' ich Mut.
Mein Herz in Deinen Händen ruht!

Pater Rupert Mayers offener Widerstand gegen die Nazis war nicht zu brechen. Er starb, als deren Herrschaft schon vorüber war, stehend am Altar.

Wie kann ich in der Hingabe wachsen?

Angst ist ein Zeichen dafür, dass ich Gott immer noch misstraue. Offenbart er uns nicht durch Schwester Faustine mit größter Dringlichkeit seine abgrundtiefe Barmherzigkeit, in der wir Zuflucht suchen können? Was muss Gott eigentlich noch tun, dass ich ihm ganz und gar vertraue?

„Zu dir, Herr, rief ich um Hilfe, ich flehte meinen Herrn um Gnade an. ... Da hast du mein Klagen in Tanzen verwandelt, hast mir das Trauergewand ausgezogen und mich mit Freude umgürtet." (Ps 30)

Soll es denn nur Tanzen und Freude sein in diesem Leben? Willst du Gott nur loben, wenn er dich beschenkt?

Ein Priester von „Kirche in Not" hat mir eine schöne Geschichte erzählt. Er sah an einem Ehrenplatz in der Hauskapelle von Bischof Werth in Novosibirsk einen merkwürdigen Bischofsstab: einen Besenstil, darauf ein großer Schlüssel aus Pappe, überzogen mit Goldpapier. Dies war der Bischofsstab von Bischof Alexander Chira!

Der Bischof stammte aus der Ukraine und war mit Millionen von Wolgadeutschen im Zweiten Weltkrieg nach Sibirien deportiert worden. Man hatte den Menschen einen Spaten in die Hand gedrückt und sie in der Steppe von Sibirien ausgesetzt. Da standen sie vor dem Nichts, und der Bischof sagte: „Wir haben Gott in guten Tagen gelobt, nun wollen wir ihn auch in schlechten Tagen loben." Und sie sagen: „Großer Gott wir loben dich."

Sie haben überlebt, und die Kirche in Sibirien ist zu neuem Leben erweckt. Bischof Alexander waren noch viele Jahre fruchtbaren Wirkens beschieden. Er starb 1984 mit über achtzig Jahren.

Wenn die Liebe Gottes sich dadurch zeigen würde, dass alle, die sich an ihn halten, vor Leid verschont blieben, dann wären wir keine Christen, sondern eine Gemeinschaft von Opportunisten.

Der Urinstinkt der Lebenserhaltung treibt uns, Leiden zu vermeiden und Glück zu suchen. So gut wie jede Entscheidung treffen wir nach diesem Kriterium. Die Spaßgesellschaft ist die Steigerung dieser Haltung ins Extrem: Spaß jetzt und hier, sofort! Inzwischen ist offenkundig: Es ist der sicherste und schnellste Weg ins Verderben von Mensch und Natur, jetzt und hier.

Am anderen Pol ist das Kreuz aufgerichtet. Es ist nur konsequent, dass es in unserer Gesellschaft per Gerichtsurteil zum Verschwinden gebracht werden soll. Man kann es aus Klassenzimmern entfernen, aber es wird nur um so mächtiger im Leben zurückkehren. Die Heiligen bezeugen, dass sich die Annahme des Kreuzes in Liebe verwandelt, in innige Liebesgemeinschaft mit Jesus.

Der vietnamesische Kardinal Van-Thuan, heute Präsident des Päpstlichen Rates für Gerechtigkeit und Frieden, ist ein Zeuge dafür. Er war 13 Jahre in kommunistischer Haft, davon neun Jahre in strenger Isolation, mehrmals dem Tode nahe und so furchtbar geschunden, dass er zeitweise nicht mehr beten konnte. Er berichtet: „In jenem Abgrund meiner Leiden gaben mir einige Empfindungen den Seelenfrieden: Ich habe niemals aufgehört, alle zu lieben, niemanden habe ich aus meinem Herzen ausgeschlossen.“ *

Die Folge war, dass man immer wieder die Wärter auswechseln musste, weil sie sich bekehrten.

Annahme des Kreuzes heißt Annahme der Ohnmacht. Ohnmächtig sehen wir zu, wie geliebte Menschen Wege gehen, auf denen sie keine Heilung und kein Heil finden können. Ohnmächtig sind wir Zeugen des Glaubensabfalls innerhalb der Kirche. Ohnmächtig sehen wir Unschuldige leiden. Ohnmächtig erkennen wir, dass die Mächtigen Verderben über die Erde bringen. Ohnmächtig fallen wir in Sünde und erkennen, dass wir uns nicht selbst erlösen können.

Jesus hat es für uns getan am Kreuz. Er hat es *wirklich* getan. Wir sündigen, weil wir Leiden und Ohnmacht vermeiden wollen und geraten dadurch in Bindung. Jesus unterwirft sich dem Leiden aus freiem Willen, er vergießt sein Blut zur Vergebung der Sünden und trägt real die Konsequenz der Sünde: die vollkommene Ohnmacht am Kreuz.

Niemals hat Jesus jemanden schärfer zurückgewiesen als Petrus, der ihn vor dem Leiden bewahren wollte. Jesus kündigte an, „er werde getötet werden, aber am dritten Tag werde er auferstehen. Da nahm ihn Petrus beiseite und machte ihm Vorwür-

* Nguyen Van-Thuan: „Hoffnung, die uns trägt“, S. 97

fe; er sagte: Das soll Gott verhüten, Herr!“ Die Ankündigung der Auferstehung hat er gar nicht gehört.

Hätten wir nicht genau so gehandelt wie Petrus? Wäre es nicht ein Gebot des Mitgefühls und der Humanität gewesen?

Jesus aber wandte sich um und sagte zu Petrus: „Weg mit dir, Satan, geh mir aus den Augen! Du willst mich zu Fall bringen; denn du has nicht das im Sinn, was Gott will, sondern was die Menschen wollen.“ (Mt 16, 21-23)

Dem Leiden ausweichen zu wollen, ist also satanisch.

Auch Jesus hatte Angst. Sein Angstschweiß fiel in Blutstropfen zur Erde. Aber er blieb dem Willen des Vaters gehorsam und wurde von einem Engel gestärkt.

Maria tut das Gegenteil von Petrus. Sie stimmt dem Opfer ihres Sohnes zu; sie opfert ihren Sohn für unser Heil und geht mit ihm den Weg zum Kreuz. Was, wenn nicht der Glaube an seine Auferstehung, hat ihr dazu die Kraft gegeben?

Also, so sage ich mir, wenn du das verstehst, dann fass dein Herz, liebes Kind, und leg es in Seine Hände. Es wird alles gut. Schau nur zum Kreuz: Wenn er *das* für dich getan hat, dann wird er sein Werk der Liebe vollenden, durch welches Leiden der Weg auch führen mag. „Gott bete an.“ (Offb 22, 9)

So habe ich die Ganzhingabe an Jesus erneuert: Herz und Seele und Geist und Körper. Und siehe: Last fällt ab. Angst verliert ihren Ansatzpunkt. Ein innerer Raum der Freiheit tut sich auf, und die Entschlossenheit wächst, den Weg mit Maria und Christus zu gehen in der hoffnungsfrohen Gewissheit, dass sich seine Worte des ewigen Lebens erfüllen werden.

„Wer siegt, wird ebenso mit weißen Gewändern bekleidet werden. Nie werde ich seinen Namen aus dem Buch des Lebens streichen, sondern ich werde mich vor meinem Vater und vor seinen Engeln zu ihm bekennen.“ (Offb 3, 5)

Die Ganzhingabe macht es unmöglich *gegen* das Reich Gottes zu arbeiten. In einer Gesellschaft, in der Lüge die Luft ist, die wir atmen, und das Brechen der Zehn Gebote zur gesetzlichen Norm erhoben wird, verlangt das zunehmend größere Opfer:

Was tut eine gläubige Ärztin, die ihre Stelle verliert oder erst gar nicht bekommt, wenn sie sich weigert abzutreiben?

Was tut ein gläubiger Bankangestellter, der die Kunden mit getürkten Insiderinformationen zu Transaktionen bewegen muss?

Was tun gläubige Ordensschwestern, die ihren Schülern den üblichen Sexualkundeunterricht erteilen sollen, und was geschieht mit ihnen, wenn sie der katholischen Lehre treu bleiben?

Die Liste lässt sich endlos fortsetzen.

In allen totalitären Staaten stehen Menschen vor existenziellen Entscheidungen dieser Art. In dem Maß, in dem der Atheismus zur totalitären gesellschaftlichen Norm wird, werden wir Christen vor ebensolche Entscheidungen gestellt.

Erst die Ganzhingabe macht es möglich, *für* das Reich Gottes zu arbeiten, mit ganzem Einsatz und einer Hoffnung, als würde es morgen Wirklichkeit. Ohne die Bereitschaft, im Vertrauen auf die Führung Gottes die üblichen Sicherheiten aufzugeben und Wagnis einzugehen, ist es nicht möglich. Menschen, die das tun, leben im Einklang mit ihrem Gewissen. Sie wissen, dass sie Öl in den Lampen haben, wenn der Herr kommt wie ein Dieb in der Nacht. Ihre Werke werden sie begleiten.

Dafür brauchen wir alle Gnade, die uns die Kirche durch die Sakramente anbietet. Wir brauchen die Verankerung in Gott durch Gebet und Anbetung. Wir brauchen Gemeinschaft mit Brüder und Schwestern, die den selben Weg gehen. Und wir brauchen Priester, die ihre ganze Vollmacht in Anspruch nehmen: zu heilen, Sünden zu vergeben und Dämonen auszutreiben.

Es gibt eine Person auf der Welt, die in christlicher Siegesgewissheit kompromisslos das Böse beim Namen nennt und gleichzeitig ein Leuchtturm der Hoffnung ist: Papst Johannes Paul II.

Er sagt über sich selbst: „Der Papst, Zeuge Christi und Diener der Frohbotschaft, ist deshalb ein Mensch der Freude und der Hoffnung, ein Mensch, der den Wert des Daseins, den Wert der Schöpfung und der Hoffnung auf ein künftiges Leben zutiefst bestätigt. ... Wie jeder Christ muss sich der Papst der Gefahren besonders bewusst sein, denen das Leben des Menschen in der Welt und seine Zukunft in der Zeit, wie auch seine endgültige, ewige und eschatologische Zukunft, ausgesetzt sind. Das Bewusstsein dieser Gefahren erzeugt jedoch keinen Pessimismus, sondern veranlasst nur dazu, in jeder Hinsicht für den Sieg des Guten zu kämpfen." *

Er tut es als Kind der Muttergottes, der er ganz gehört. Der Papst ist sicher, dass er das Attentat nur deshalb überlebte, weil

* Johannes Paul II: „Die Schwelle der Hoffnung überschreiten", S. 51

Maria die Kugel lenkte. Als Wahrzeichen für den mütterlichen Schutz, den sie ihren Kindern gewährt, ist die Kugel nun in die Krone der Fatimastatue eingebettet.

Die Mutter Jesu ist in Fatima erschienen, um uns zur Umkehr zu rufen und uns ihren Sieg zu verheißen: „Mein Unbeflecktes Herz wird triumphieren."

Bleibt stehen, und schaut zu, wie der Herr euch heute rettet.
Der Herr kämpft für euch, ihr aber könnt ruhig abwarten.

(Ex 14, 13-14)

Publikationsverzeichnis

Kein Friede ohne Umkehr – Der 11. September 2001

erschienen in *Die Tagespost* am 18. Oktober 2001: „Von New York nach Ninive", und in *PUR* im November 2001

Vergiftung durch Bilder

erschienen in *Rheinischer Merkur* am 9. Mai 2002, in *Vision 2000* im März 2002, und in *PUR* im Mai 2002

Rede und Antwort an Schüler

Erstveröffentlichung

Jugend liebt Papst – Weltjugendtag 2000 in Rom

erschienen in *Rheinischer Merkur* am 25. August 2000: „Kirche ist jung"

Sind Märtyrer intolerant?

erschienen in *Die Tagespost* am 13. Januar 2001

Über die Unverträglichkeit von Wahrheitsliebe und Menschenfurcht

Erstveröffentlichung

Über die Unterscheidung der Geister
erschienen in *Vision 2000* im Januar 2002

Ansprache Marias zu Beginn des Jahrtausends an die Menschen
gesendet von Radio Vatikan am 1. Januar 2001

Frauen erwachen
erschienen in *Rheinischer Merkur* am 15. Juni 2001: „Der neue Feminismus“

Der Ruf an die Frau: Aufbau der Kultur des Lebens
Erstveröffentlichung

Die Beichte – Angelpunkt katholischer Spiritualität
Erstveröffentlichung

Von der Hoffnung, die uns trägt
Eröffnungsvortrag bei der Theologischen Sommerakademie in Dießen
am 11. September 2002

Gabriele Kuby

Mein Weg zu Maria

384 Seiten
Gebundene Ausgabe

Restauflage, 20 EUR
Nur noch im Laudes Verlag erhältlich
Auf Wunsch mit Signatur der Autorin

Dieses Buch hat vielen Menschen die Tür zum katholischen Glauben neu geöffnet. Die ehrliche und spannende Beschreibung der Höhen und Tiefen der Umkehr in der heutigen Zeit ermöglicht vielen Lesern und Leserinnen ihren eigenen Glaubensweg neu zu entdecken.

Video-Vortrag: Mein Weg zu Maria

VHS, 75 Minuten, 15 EUR

Gabriele Kuby spricht über ihre lange Suche auf den Irrwegen des Zeitgeistes und die Freude, in der Katholischen Kirche ins Herz der eigenen Tradition gefunden zu haben.

Bestelladresse:
Laudes Verlag, Postfach 12, D-83125 Eggstätt
E-mail: laudes-verlag@web.de